Llewellyn

Agenda de las Brujas 2025

Ilustraciones de Jennifer Hewitson
Textos de Elizabeth Barrette, Ivo Domínguez Jr., Kate Freuler,
Via Hedera, Dawn Aurora Hunt, Jason Mankey, Diana Rajchel,
Mhara Starling, Charlie Rainbow Wolf y Laura Tempest Zakroff

2025

ENERO						
L	M	X	J	V	S	D
		1	2	3	4	5
6	7	8	9	10	11	12
13	14	15	16	17	18	19
20	21	22	23	24	25	26
27	28	29	30	31		

FEBRERO						
L	M	X	J	V	S	D
					1	2
3	4	5	6	7	8	9
10	11	12	13	14	15	16
17	18	19	20	21	22	23
24	25	26	27	28		

MARZO						
L	M	X	J	V	S	D
					1	2
3	4	5	6	7	8	9
10	11	12	13	14	15	16
17	18	19	20	21	22	23
24	25	26	27	28	29	30
31						

ABRIL						
L	M	X	J	V	S	D
	1	2	3	4	5	6
7	8	9	10	11	12	13
14	15	16	17	18	19	20
21	22	23	24	25	26	27
28	29	30				

MAYO						
L	M	X	J	V	S	D
			1	2	3	4
5	6	7	8	9	10	11
12	13	14	15	16	17	18
19	20	21	22	23	24	25
26	27	28	29	30	31	

JUNIO						
L	M	X	J	V	S	D
						1
2	3	4	5	6	7	8
9	10	11	12	13	14	15
16	17	18	19	20	21	22
23	24	25	26	27	28	29
30						

JULIO						
L	M	X	J	V	S	D
	1	2	3	4	5	6
7	8	9	10	11	12	13
14	15	16	17	18	19	20
21	22	23	24	25	26	27
28	29	30	31			

AGOSTO						
L	M	X	J	V	S	D
				1	2	3
4	5	6	7	8	9	10
11	12	13	14	15	16	17
18	19	20	21	22	23	24
25	26	27	28	29	30	31

SEPTIEMBRE						
L	M	X	J	V	S	D
1	2	3	4	5	6	7
8	9	10	11	12	13	14
15	16	17	18	19	20	21
22	23	24	25	26	27	28
29	30					

OCTUBRE						
L	M	X	J	V	S	D
		1	2	3	4	5
6	7	8	9	10	11	12
13	14	15	16	17	18	19
20	21	22	23	24	25	26
27	28	29	30	31		

NOVIEMBRE						
L	M	X	J	V	S	D
					1	2
3	4	5	6	7	8	9
10	11	12	13	14	15	16
17	18	19	20	21	22	23
24	25	26	27	28	29	30

DICIEMBRE						
L	M	X	J	V	S	D
1	2	3	4	5	6	7
8	9	10	11	12	13	14
15	16	17	18	19	20	21
22	23	24	25	26	27	28
29	30	31				

2026

ENERO						
L	M	X	J	V	S	D
			1	2	3	4
5	6	7	8	9	10	11
12	13	14	15	16	17	18
19	20	21	22	23	24	25
26	27	28	29	30	31	

FEBRERO						
L	M	X	J	V	S	D
						1
2	3	4	5	6	7	8
9	10	11	12	13	14	15
16	17	18	19	20	21	22
23	24	25	26	27	28	

MARZO						
L	M	X	J	V	S	D
						1
2	3	4	5	6	7	8
9	10	11	12	13	14	15
16	17	18	19	20	21	22
23	24	25	26	27	28	29
30	31					

ABRIL						
L	M	X	J	V	S	D
		1	2	3	4	5
6	7	8	9	10	11	12
13	14	15	16	17	18	19
20	21	22	23	24	25	26
27	28	29	30			

MAYO						
L	M	X	J	V	S	D
				1	2	3
4	5	6	7	8	9	10
11	12	13	14	15	16	17
18	19	20	21	22	23	24
25	26	27	28	29	30	31

JUNIO						
L	M	X	J	V	S	D
1	2	3	4	5	6	7
8	9	10	11	12	13	14
15	16	17	18	19	20	21
22	23	24	25	26	27	28
29	30					

JULIO						
L	M	X	J	V	S	D
		1	2	3	4	5
6	7	8	9	10	11	12
13	14	15	16	17	18	19
20	21	22	23	24	25	26
27	28	29	30	31		

AGOSTO						
L	M	X	J	V	S	D
					1	2
3	4	5	6	7	8	9
10	11	12	13	14	15	16
17	18	19	20	21	22	23
24	25	26	27	28	29	30
31						

SEPTIEMBRE						
L	M	X	J	V	S	D
	1	2	3	4	5	6
7	8	9	10	11	12	13
14	15	16	17	18	19	20
21	22	23	24	25	26	27
28	29	30				

OCTUBRE						
L	M	X	J	V	S	D
			1	2	3	4
5	6	7	8	9	10	11
12	13	14	15	16	17	18
19	20	21	22	23	24	25
26	27	28	29	30	31	

NOVIEMBRE						
L	M	X	J	V	S	D
						1
2	3	4	5	6	7	8
9	10	11	12	13	14	15
16	17	18	19	20	21	22
23	24	25	26	27	28	29
30						

DICIEMBRE						
L	M	X	J	V	S	D
	1	2	3	4	5	6
7	8	9	10	11	12	13
14	15	16	17	18	19	20
21	22	23	24	25	26	27
28	29	30	31			

Agenda 2025 de las Brujas de Llewellyn, traducida de *Llewellyn's 2025 Witches Datebook* © 2024 de Llewellyn Publications. Publicado por Llewellyn Publications, Woodbury, MN 55125-2989 USA. www.llewellyn.com. Todos los derechos reservados. No puede reproducirse ningún texto o ilustración de esta publicación sin permiso expreso del editor, a excepción de citas utilizadas en las recensiones y comentarios críticos.

Traducción al castellano: *Raquel Mosquera*

Cálculos astrológicos recopilados y programados por Rique Pottenger, basados en el trabajo anterior de Neil F. Michelsen.

Diseño artístico, ilustración de cubierta e inicio de capítulo: *Jennifer Hewitson*

© 2024, Ediciones Obelisco, S. L. - Collita, 23-25. Pol. Ind. Molí de la Bastida
08191 Rubí - Barcelona - España
E-mail: info@edicionesobelisco.com web: www.edicionesobelisco.com
(Reservados todos los derechos para la lengua española)

Impreso en Gràfiques Martí Berrio, S. L. - Llobateres, 16-18, Taller 7 - Nau 10. Polígono Industrial Santiga. 08210 - Barberà del Vallès - Barcelona

ISBN: 978-84-1172-150-9

Printed in Spain

Índice

Cómo utilizar la *Agenda 2025 de las Brujas*	4
Doce poderes, doce perspectivas	6
Magia cotidiana con malas hierbas	10
Numerología a lo largo del año	14
La bruja sigilosa	20
Brujas conejos y conejos brujas	24
Enero	28
Febrero	38
Marzo	48
Abril	60
Mayo	70
Junio	80
Julio	92
Agosto	102
Septiembre	114
Octubre	124
Noviembre	134
Diciembre	146
Acerca de los colaboradores	158
Apéndice	160

Cómo utilizar la Agenda 2025 de las Brujas

Bienvenido a la *Agenda 2025 de las Brujas*. Esta agenda se ha diseñado especialmente para brujas, paganos y magos. Empléala para planificar celebraciones sabáticas, prácticas de magia, rituales de plenilunio e incluso tus visitas al dentista o al médico. A la derecha encontrarás la explicación de los símbolos.

Fases lunares: el ciclo de la Luna se divide en cuatro fases, que se indican en el calendario con su hora exacta. Cuando la Luna cambia de fase, se indica cuál es el cambio. Además del día en que sucede el cambio de fase, aparece el símbolo de una nueva fase lunar.

La Luna en los signos: cada dos días y medio, aproximadamente, la Luna cambia de un signo al siguiente. El signo donde se encuentra la Luna al comienzo del día se indica junto a la fase lunar. Si la Luna cambia de signo ese día, hay una anotación que dice «☽ entra en», seguida del símbolo del signo en el que entra.

Luna vacía de curso: justo antes de que la Luna entre en un nuevo signo, presentará un último aspecto (relación angular) con otro planeta. Entre este último aspecto y la entrada de la Luna en el signo siguiente se dice que la Luna está «vacía de curso». Las actividades iniciadas cuando la Luna está vacía de curso raramente fructifican o bien adquieren un rumbo muy diferente del planeado.

Movimiento planetario: cuando un planeta o asteroide pasa de un signo a otro, ese cambio, llamado ingreso, se indica en la agenda junto al momento en que sucede. En este caso, el Sol y la Luna se consideran planetas. Los planetas (salvo la Luna y el Sol) parecen retroceder desde la perspectiva de la Tierra. A este movimiento se le denomina planeta retrógrado y se indica con el símbolo ℞. Cuando el planeta empieza a avanzar, o a ponerse directo, se muestra con la letra D y la hora en que sucede.

Días para plantar y días para cosechar: los mejores días para plantar o cosechar se indican en la agenda con la imagen de una semilla (plantar) y otra de un cesto (cosechar).

Cambios de zona horaria: las fechas y horarios de los acontecimientos astrológicos se han calculado para la hora legal de España, teniendo en cuenta el inicio del horario de verano el último domingo de marzo a las 02:00 horas y su finalización el último domingo de octubre a las 03:00 horas. Si vives en Canarias deberás restar una hora. Si resides en América del Sur, consulta la tabla de la página 166. Y recuerda que cuando tu país cambie al horario de verano deberás restar una hora más a la que marcan las tablas.

Planetas

- ☉ Sol
- ☽ Luna
- ☿ Mercurio
- ♀ Venus
- ♂ Marte
- ♃ Júpiter
- ♄ Saturno
- ♅ Urano
- ♆ Neptuno
- ♇ Plutón
- ⚷ Quirón

Signos

- ♈ Aries
- ♉ Tauro
- ♊ Géminis
- ♋ Cáncer
- ♌ Leo
- ♍ Virgo
- ♎ Libra
- ♏ Escorpio
- ♐ Sagitario
- ♑ Capricornio
- ♒ Acuario
- ♓ Piscis

Movimiento

- ℞ Retrógrado
- D Directo

1.ª fase / Luna nueva ●
2.ª fase / cuarto creciente ☽
3.ª fase / Luna llena ○
4.ª fase / cuarto menguante ☾

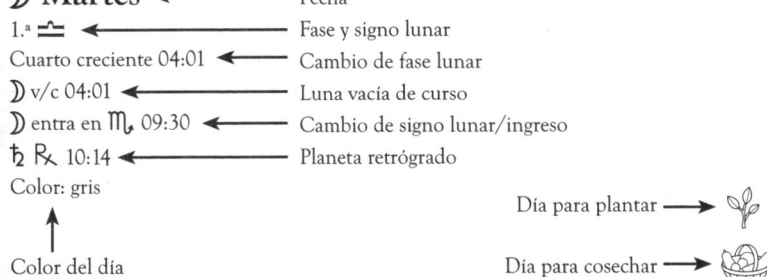

☽ **Martes** ← Fecha
1.ª ♎ ← Fase y signo lunar
Cuarto creciente 04:01 ← Cambio de fase lunar
☽ v/c 04:01 ← Luna vacía de curso
☽ entra en ♏ 09:30 ← Cambio de signo lunar/ingreso
♄ ℞ 10:14 ← Planeta retrógrado
Color: gris
↑
Color del día

Día para plantar →
Día para cosechar →

Doce poderes, doce perspectivas

por Ivo Domínguez Jr.

Muchas brujas prestan atención a las fases de la Luna y a las etapas estacionales del Sol en sus celebraciones y trabajos. Es una forma consagrada de estar más en sintonía con las mareas energéticas y los ciclos de la naturaleza. La Luna recorre los doce signos del zodíaco en cada ciclo lunar, pasando unos dos días y medio en cada uno de ellos. El Sol se desplaza por los signos a lo largo de un año, marcando doce estaciones zodiacales, además de las climatológicas y anclando las ocho festividades de la Rueda del Año. Puedes utilizar la información de este artículo para elegir los mejores momentos para determinados tipos de trabajo o para adaptarte a lo que esté disponible cuando necesites hacer tu trabajo.

El poder que puede extraerse del Sol y de la Luna se ve afectado por su recorrido a través de cada signo. Piensa que cada signo actúa como un filtro a través del cual pasa y se modifica la energía de las luminarias, el Sol y la Luna. Sus energías adoptan el color, las cualidades y los patrones de un signo y luego se irradian a todos y a todo lo que hay en la Tierra. Además, cada signo aporta su propia perspectiva del mundo, estado de ánimo y estilos de brujería. Si sabes qué tipo de poder está disponible y qué perspectivas se ven favorecidas, podrás mejorar los resultados de tu trabajo.

Para empezar, las energías del Sol y de la Luna son diferentes, por lo que incluso cuando están en el mismo signo, producen efectos distintos. A continuación tienes algunas sugerencias para que te hagas una idea de cómo funciona esto. Imagina que las luminarias son como dos tipos diferentes de tambores y que cada uno de los signos es una secuencia rítmica única. El sonido de ese tamborileo lo siente todo el mundo y, con el tiempo, cada vez más personas empiezan a moverse, pensar y actuar al compás del ritmo, aunque no estén prestando atención de forma activa. Como la Luna sólo pasa dos días y medio en un signo, su influencia se acumula con rapidez y también termina de forma brusca. El Sol tarda unos treinta días en desplazarse por un signo, por lo que hay un lapso de tiempo más largo para trabajar con el mismo signo. La Luna arrastra las mareas de tus emociones, imaginaciones y percepciones para que coincidan con el signo en el que se encuentra. El Sol es un foco que dirige tu atención y tus pensamientos hacia los intereses del signo en el que se encuentra.

Vamos a dar una vuelta por la rueda del zodíaco, a describir estas cualidades y a aprender cómo puedes utilizar la información astrológica de esta agenda para mejorar tu vida como bruja. La Luna tiene un impacto más inmediato, por lo que quizá quieras empezar a trabajar con ella primero. Luego puedes experimentar con el Sol en un signo. Cuando estés preparada, presta atención a los signos de ambos para planificar tus hechizos y rituales.

Aries

Utiliza este signo para iniciar nuevos proyectos y plantar semillas, ya sean físicas o metafóricas. Aries refuerza las tendencias competitivas y asertivas, así que ten cuidado: elige tus batallas o elúdelas. Hay mucha fuerza vital pura que puede emplearse para sanar o revitalizar. Este signo quiere precipitarse, así que modéralo tomándote un tiempo y pensando bien antes de pasar a la acción. Aries es el poder de ser, de hacer que las cosas existan.

Tauro

Emplea este signo para mantener el impulso y aumentar la resistencia en tu trabajo. Tauro es sensual y aumenta la capacidad de disfrutar del mundo físico. Es una actitud de «detente y huele las rosas». Este signo anima a pensar con los pies en la tierra y a tomar decisiones prácticas. Es lento para alterar su rumbo y también para adoptar nuevas ideas, por lo que no es un momento para proponer grandes cambios. Tauro es el poder de tener, de preservar y mantener las cosas.

Géminis

Si necesitas encontrar una forma de decir, comunicar o aprender algo, éste es el momento. Géminis fomenta el deseo de nuevas experiencias, así que si tú u otra persona necesitáis estímulo, éste es el momento. Este signo también hace aflorar el deseo de juegos o tareas que cambian con rapidez y requieren perspectivas flexibles. Existe cierta tendencia a distraerse o a decir que sí a demasiadas actividades en este momento. Géminis es el poder de pensar, de interpretar y transmitir ideas.

Cáncer

Si quieres convertir un lugar en un hogar, éste es el momento. Como tal, Cáncer tiene el poder de imponer límites emocionales o de derribarlos y abrir el corazón. Este signo también tiene una conexión especial con el pasado, las vidas pasadas y la renovación de las tradiciones. Deberían evitarse los conflictos, pues es fácil crear o reabrir heridas emocionales en este momento. Cáncer es el poder de sentir, cuidar y proteger lo que importa.

Leo

Este signo aporta brío, garbo, carisma y el poder de inspirar confianza y logros. Leo tiene la energía y las habilidades para despertar la capacidad de liderazgo. También sabe divertirse y crear estupendos acontecimientos y espectáculos. Suele ver lo mejor de las personas y sacarlo a relucir. Pero algunos cocineros estropean el caldo. Este signo puede sacar a relucir demasiado ego y reducir la cooperación. Leo es el poder de la voluntad y el valor.

Virgo

Este signo es práctico y puede analizar, ejecutar, resolver problemas y organizar casi cualquier situación. Virgo tiene el poder de la curación y la integración, así como de encontrar las formas más sanas de vivir. Cuando necesites hacer que lo que tienes llegue lo más lejos posible, ésta es la energía que precisas. El inconveniente es que la energía de Virgo puede ser demasiado crítica, generar estrés y disminuir la confianza en ti misma y en los demás. Virgo es la energía del análisis y el discernimiento.

Libra

Cuando necesites hacer las paces, mediar en diferencias o crear acuerdos mutuamente beneficiosos, ésta es tu mejor opción. La influencia de Libra también estimula la creatividad, tu aprecio por las artes y la belleza, y la capacidad de armonizar las cosas. Este signo es bueno para encontrar el equilibrio adecuado entre trabajo y ocio, tiempo de descanso y tiempo social, entre otras cosas. No es bueno para tomar una decisión firme, porque Libra ve demasiadas opciones. Libra es el poder de equilibrar las ideas y los corazones.

Escorpio

Este signo abre el camino a los misterios, la magia, los secretos y la sabiduría oculta. Escorpio es el signo de la pasión, la seducción y la energía sexual. Esta energía también es excelente para trabajar con los espíritus, los muertos y los otros mundos. Si necesitas sondear las profundidades de tu alma, éste es el signo adecuado. La intensidad emocional puede ser un punto fuerte, pero a veces Escorpio es demasiado; el aguijón del escorpión puede hacer daño. Escorpio es el poder de desear y regenerar.

Sagitario

Cuando necesites entusiasmo, optimismo y grandes planes, éste es el signo con el que debes trabajar. Sagitario es una fuente de resistencia, inventiva y persuasión. Esta energía atrae la buena suerte, la amistad y la camaradería. Este signo también es bueno para crear o comprender sistemas y filosofías sobre cómo funcionan las cosas o cómo se relacionan entre sí. Ten cuidado de no extenderte demasiado o ceder a comportamientos excesivos bajo la influencia de este signo. Sagitario es el poder de comprender y aceptar las diferencias.

Capricornio

Este signo es el indicado para alcanzar el éxito, forjar tu propio camino y ser el soberano de tu vida. Capricornio escalará desde las profundidades del océano hasta la cima de la montaña más alta. Si necesitas perseverancia y una estrategia, ésta es la energía adecuada. La energía de este signo ayuda a realizar creaciones duraderas con cimientos sólidos. Sin embargo, ten cuidado con el pesimismo y con estancarte en el perfeccionismo con este signo. Capricornio es la energía para utilizar y gestionar con sabiduría.

Acuario

Cuando quieras construir un futuro mejor o una comunidad mejor, éste es el signo que debes utilizar. Acuario también te ayuda a hacer amigos, establecer redes y crear grupos. Si necesitas desafiar el *statu quo*, desatascarte o desbloquearte, este signo te ayuda a abrir el camino. Este signo también inspira un pensamiento innovador y fuera de lo común para dar una nueva perspectiva a viejas cuestiones. El valor del impacto sin otro propósito que la rebelión es el peligro de este signo. Acuario es el poder de conocer y mejorar.

Piscis

Este signo intensifica las conexiones con otros planos, con los espíritus y con todo lo psíquico o intuitivo. Piscis te ayuda a sentir la red de la vida y la interconexión de todos los seres con compasión. Esta energía también conlleva un alto grado de imaginación, arte y creatividad. Los encantos y las ilusiones son más fáciles de crear con este signo. Ser práctico o tener los pies en la tierra es más difícil cuando el Sol o la Luna están en él. Piscis es la energía de creer y soñar.

Magia cotidiana con malas hierbas

por Mhara Starling

El reino vegetal es intrínsecamente vivo y mágico. Como animista, no utilizo hierbas ni plantas en mi forma de trabajar. Más bien trabajo con el espíritu de esas plantas y hierbas, cultivando una relación con ellas y reconociendo su personalidad. Tras muchos años de trabajar y establecer relaciones con las plantas que crecen en mi localidad, últimamente me he dado cuenta de que algunos de mis aliados más potentes y sociables del reino vegetal pertenecen a lo que muchos humanos denominarían *malas hierbas*.

Se trata de la ortiga, el diente de león, la celidonia y el amor de hortelano, por nombrar algunas, con las que he pasado varias lunas cultivando una relación. Crecen en abundancia donde resido y, en mi opinión, todas son bastante sociables y suelen estar deseosas de colaborar con nosotros. Recuerdo que mi fascinación por las malas hierbas comenzó cuando era niña. Crecí en una isla rural llamada Ynys Môn, en el norte de Gales. Detrás de la casa de mi familia había una gran extensión de tierras de cultivo y prados. Justo detrás del muro de nuestro jardín, había una zona que parecía tierra de nadie, donde crecían en abundancia zarzas, ortigas, hojas de diente de león y amor de hortelano. Era un paraíso para caracoles, arañas, mariposas y orugas. Pasé mi juventud cautivada por la danza de la vida, observando cómo cambiaban las estaciones y el paisaje se transformaba ante mis ojos.

A medida que fui creciendo, me empezó a fascinar la idea de buscar comida. Tenía un libro que enseñaba los muchos tipos de alimentos que se podían encontrar en la naturaleza. Recuerdo que me fascinaba la idea de preparar una infusión o una sopa con las ortigas que dominaban los campos de detrás de mi casa. Siempre había tenido una extraña relación con la ortiga. Me hipnotizaba su belleza, pero también era muy consciente de su poder irritante. Muchas veces me caía en las ortigas y me pasaba el día agonizando por sus picaduras. Cuando era niña, personificaba a la ortiga en mi mente: era una niña pelirroja y curiosa que de vez en cuando cogía una rabieta y te mordía si te atrevías a tocarla. No sabía que esta personificación era mi primera experiencia con el propio espíritu de la planta.

Más tarde me obsesioné con la brujería y la magia popular. Empecé a informarme sobre las distintas formas en que mis antepasados trabajaban con las plantas en un contexto mágico y supersticioso.

Aprendí que una ramita de artemisa recién cogida, cuando se guarda en el bolsillo, proporciona energía. ¿Quién necesita café cuando puedes contar con la artemisa? Al parecer, los habitantes del sur de Gales colgaban algas junto a la puerta trasera para mantener alejados de la casa a los malos espíritus. Las hojas de saúco se utilizaban para curar las verrugas. La raíz seca de verbena se llevaba colgada del cuello en una bolsita de seda para ahuyentar la magia maligna y las enfermedades.

También descubrí la obra de los Meddygon Myddfai, unos médicos legendarios del sur de Gales que, según el folclore, adquirieron de un hada el conocimiento de las propiedades curativas de las hierbas y las plantas. Los médicos descendían de una novia hada que llevó a sus antepasados a un lugar especial para enseñarles los secretos del reino botánico. Esto los encumbró hasta convertirse en los médicos más venerados de todo Gales. Su trabajo sobrevive hoy en día en antiguos manuscritos galeses (amuletos, hechizos y remedios herbales, todos ellos con un supuesto origen sobrenatural).

Todo aquello me fascinaba, pero quería saber más de las plantas que crecían en mi jardín y a lo largo de aquel extraño lugar lleno de ortigas que había detrás de mi casa. Enseguida me di cuenta de que, para aprender a trabajar de verdad con la planta, debía preguntarle a ella misma.

Diente de león

Mi primera planta aliada fue el diente de león. Los dientes de león crecían en el jardín de mi casa y siempre me habían encantado. En nuestro Gales natal, cuando éramos niños, los llamábamos *Blodyn piso gwely*. Ese nombre se traduce, esencialmente, como «flor de hacerse pis en la cama». Según la tradición local, si coges un diente de león amarillo, mojarás la cama.

Por supuesto, ése no era el nombre oficial en nuestro idioma. Oficialmente, la planta se llamaba *dant-y-llew*, que significa «diente de león». Pero yo prefiero «flor de hacerse pis en la cama».

Me sentaba con las flores de mi jardín, meditaba y me presentaba ante ellas. Les hablaba, les cantaba y les escuchaba. Descubrí que ellas también estaban deseosas de hablar conmigo.

Los dientes de león me enseñaron que eran plantas soñadoras que me ayudarían a intentar hacer realidad mis deseos. Tal vez porque solíamos pedir deseos a las cabezas de los dientes de león, soplando las diminutas semillas en el aire después de pedirlos.

Curiosamente, teniendo en cuenta el caprichoso nombre popular relacionado con los dientes de león y mojar la cama, más tarde descubrí que el diente de león se considera un diurético y que se ha utilizado en la medicina popular galesa durante siglos para tratar las afecciones urinarias. En ese contexto, aprendí que el diente de león era un potente aliado en la magia para desterrar, curar y purificar, ya fuera por medio de tés o de infusiones con la planta, comiendo las hojas en ensalada o elaborando un polvo con la raíz o las hojas y flores secas. Todas estas cosas se podían crear para hacer una magia potente para desterrar, curar o purificar.

Ortiga

Tras mi éxito con el diente de león, pasé a la ortiga. Al comulgar con la ortiga, tuve al instante la sensación de que era una planta intrínsecamente protectora, quizá porque había sido testigo de cuántos insectos y seres diminutos habían hecho su hogar entre sus hojas. Muchas orugas también parecían poner sus huevos alrededor de ellas. No sólo eso, sino que la ortiga pica a cualquiera que se acerque demasiado. La ortiga siempre me ha parecido una planta llena de energía. No sabía que en la curación, la magia y la cocina tradicional galesa se elaboraban brebajes y vinos con ortiga y se creía que daban energía y mantenían a la gente sana durante todo el año. Por supuesto, las ortigas también están repletas de vitaminas.

Empecé a recoger hojas de ortiga en primavera y a principios de verano, antes de que aparecieran las flores, y las secaba para usarlas en polvo. Después, lo esparcía cerca de la puerta de entrada y las ventanas, cantando:

Hojas de ortiga, protegednos bien.
Alejad a los indeseables de donde habitamos.

Celidonia menor

La celidonia menor fue otra planta que me encandiló por completo durante toda mi juventud. Esta gloriosa flor amarilla se menciona en los libros de las *Crónicas de Narnia*. Crece de forma mágica por el paisaje místico de este mundo de fantasía en una parte de la historia. Esta imagen captó mi interés porque coincidía con la magia que yo sentía cuando veía crecer las celidonias a principios de primavera en mi pequeña isla.

Antiguamente, la celidonia se hervía con vino y miel y se convertía en una bebida que se tomaba antes de acostarse para ahuyentar a las pesadillas y favorecer los sueños placenteros. Este fragmento de folclore, para mí, es el epítome de esta planta: alegre y protectora, alentadora de buenos espíritus y faro de esperanza. A nivel energético, el propio espíritu de la celidonia parece entonar una alegre melodía que encierra el renacimiento del paisaje en primavera tras el duro frío del invierno.

Amor de hortelano

El amor de hortelano siempre ha sido una planta extraña. Solíamos jugar con estas plantas, también conocidas como malas hierbas pegajosas, en el patio del colegio. Sus hojas y tallos son, ciertamente, pegajosos y se pegaban a la ropa. Jugábamos a una variante del pilla-pilla en la que nos lanzábamos la hierba unos a otros. El objetivo del juego era acabar siendo el último sin ningún trozo de la planta pegado a la ropa.

Sin embargo, lo que realmente me sorprendió cuando empecé a trabajar con plantas y hierbas a nivel espiritual y mágico fue lo potente que era el amor de hortelano. En la medicina popular galesa, se creía que el zumo elaborado con esta planta destruiría cualquier veneno en la sangre y sanaría multitud de dolencias. El espíritu de la propia planta se me aparecía a menudo como un abuelo protector. El amor de hortelano es una poderosa aliada en los trabajos mágicos de purificación y, por supuesto, en los hechizos asociados con la unión o en la atracción de cosas hacia ti, como el amor o la riqueza. Imagina que esas cosas se adhieren a ti del mismo modo que la planta se pega a tu ropa.

Creo que es importante forjar una relación con las plantas de nuestra zona, ya sean las que crecen en nuestros parques locales o las de los bosques que nos rodean. Incluso la mala hierba más indeseada puede ser un poderoso aliado mágico. Cántales, hazles regalos y forja relaciones con ellas del mismo modo que lo harías con un nuevo amigo. ¡Quién sabe qué secretos podrían revelarte!

Numerología a lo largo del año

por Charlie Rainbow Wolf

La numerología puede parecer bastante misteriosa, pero si sabes contar, puedes dominarla. El arte de la numerología se remonta a siglos atrás, y tal vez empezara con Pitágoras, que creía que los números desempeñaban un papel importante en casi todo. Numerología en sí es una palabra bastante moderna, pero el estudio de los números no lo es.

Cada año tiene un número; cada mes, cada día, cada hora. A menudo se denominan números «universales», de modo que habría un número universal anual, un número universal mensual y un número universal diario. Llevo casi tres décadas trabajando con la numerología, y veo que cada día tiene su propia vibración. Hay un arte en la forma en que todos ellos se entrelazan, que es lo que hace que el 16 de septiembre sea diferente del 16 de julio, o lo que hace que el 11 de agosto de 1958 sea diferente del 11 de agosto de 1976.

Cálculo del año universal

Esta operación es fácil. Suma los números y ése es el número del año universal. Para 2025, es 2 + 0 + 2 + 5, que da lugar a 9. En numerología, el 9 es un final; no algo que se detiene bruscamente, sino algo que llega a su fin o alcanza el final de su ciclo.

Cálculo del mes universal

Es similar al año universal. Toma un número de mes y súmalo al número de año. Mayo de 2025 sería 5 (el mes) + 9 (el año universal), con lo que se obtendría el número 14. Hay que reducirlo, ya que es un número compuesto: 1 + 4 = 5. Así pues, el número de mes universal de mayo de 2025 sería 5. El número de mes universal de diciembre de 1998 puede hallarse reduciendo diciembre a un solo dígito, 1 + 2 = 3, así como el año, 1 + 9 + 9 + 8 = 27, que se reduce a 9. Suma el 3 de diciembre y el 9 de 1998, y obtendrás 12; reduce de nuevo para obtener 3 como número de mes universal.

Números diarios

Cada día de un mes natural tiene su propia vibración, su propia firma energética. Añade el año universal y el mes universal a cualquier día, y creará su propia vibración única, distinta de la de cualquier otro día del año. Estos números suelen reducirse a una cifra de un solo dígito, pero leerlos como números compuestos proporciona una visión más compleja y perspicaz de cómo pueden estar desarrollándose las cosas.

Día 1. Día de independencia y frescura. Es un día para nuevos comienzos.

Día 2. Busca crear armonía y equilibrio. Los ambientes y las discordias serán especialmente irritantes hoy. La gente, incluida tú misma, puede estar hipersensible.

Día 3. No es un día especialmente bueno para comprometerse o asumir responsabilidades adicionales. Evita la superficialidad y concéntrate un poco más.

Día 4. Existe una tendencia a la adicción al trabajo, y puede que no obtengas una gratificación instantánea por tus esfuerzos. Mantente abierta a nuevas ideas.

Día 5. Buen día para explorar cosas nuevas, ir a lugares nuevos o hacer cosas nuevas. No es un día para ser irresponsable o excederse.

Día 6. No dejes que tus emociones te dominen; aléjate si es necesario.

Día 7. Suele ser un día de suerte, y la intuición puede ser más fuerte de lo habitual.

Día 8. Un gran día para tomar las riendas. Busca ascensos y oportunidades para progresar, sobre todo en lo que se refiere a tu trabajo.

Día 9. Es un día creativo y afortunado para el romance. Día favorable para atar cabos sueltos y empezar nuevos capítulos.

Día 10. Es un día de finales y comienzos. Asegúrate de no esforzarte demasiado en tu entusiasmo por alcanzar tus objetivos.

Día 11. La sensibilidad aumenta, y puede que pongas demasiado énfasis en lo que los demás piensan de ti.

Día 12. Liderazgo y creatividad son las palabras clave hoy, y descubrirás que puedes expresarte con facilidad a través de tus acciones.

Día 13. No es un día de mala suerte, a pesar de lo que la cultura pop intente decirnos. Es un día para el trabajo duro y la tenacidad. Pueden destacar los asuntos familiares.

Día 14. Suele ser un día positivo y optimista, un buen día para socializar y despertar el encanto.

Día 15. Alguien cercano a ti puede necesitarte, y si eso ocurre, por supuesto que debes estar a su lado, pero no pases por alto tus propias necesidades en tu deseo de ayudar.

Día 16. Termina lo empezado y aplica tenacidad a todo lo que vaya a ayudarte a conseguir tus objetivos a largo plazo.

Día 17. Puedes dispersarte demasiado y acabar no consiguiendo nada. Permite que los demás exploren lo que tienen que ofrecer.

Día 18. Destaca la comunicación, hoy tienes un carisma especial. Pueden presentarse nuevas ideas espirituales o filosóficas.

Día 19. Aquí hay mucha energía y movimiento, pero esto también va acompañado de contradicciones potenciales que pueden resultar abrumadoras. Encuentra el equilibrio.

Día 20. Busca formas de crear momentos tranquilizadores y armoniosos en tu entorno actual.

Día 21. Hoy hay tendencia a la pereza. No dejes que eso te robe tus posibilidades de éxito.

Día 22. Hay más de un camino hacia el resultado que deseas, así que si algo no funciona, no cambies el objetivo, cambia el rumbo.

Día 23. Guárdate hoy de los excesos y actúa con moderación en todas las cosas.

Día 24. No dejes que los demás se apoyen demasiado en ti. Hoy no es un día para implicarse demasiado con nada ni con nadie.

Día 25. Día ideal para la investigación de cualquier tipo, para la resolución de problemas y para superar cualquier miedo o ansiedad que se interponga en tu camino.

Día 26. Puede que hoy pases por alto detalles necesarios que son imprescindibles para tu éxito.

Día 27. Es probable que hoy seas más perspicaz con los demás, viendo claramente lo que quieren y si son sinceros o no.

Día 28. La pasión corre hoy en todos los sentidos del mundo. Puede que tengas que trabajar para controlar tus emociones y vigilar los arrebatos temperamentales.

Día 29. Enfréntate a los demás y deja que brille tu individualidad.

Día 30. Dedica tiempo a una actividad de ocio para no acabar el día sintiéndote frustrada o insatisfecha.

Día 31. No te sobrecargues hoy. No puedes ser todo para todos, y te agotarás en el intento.

Interpretarlo

Leer numerología es todo un arte, pues lo que tú puedes ver en una combinación de números puede no ser lo que ve otra persona, y no pasa nada. Antes de poder interpretar realmente las cosas, tienes que saber qué significan los números. Éste no es en absoluto un artículo acerca de «todo lo que necesitas saber sobre numerología»; hay libros enteros escritos sobre el tema (y he enumerado mis favoritos en la página 19). Los significados básicos de los números no cambiarán, y no importa si son números de año universal, de mes universal, de día universal, o incluso tu número del camino de la vida o cualquiera de las otras interpretaciones de la numerología. Es a través de la comprensión de los números y de la forma en que se influyen mutuamente como empezarás a tener una idea de cómo bailan juntos.

1: nuevos comienzos, determinación, contradicción.
2: diplomático, equilibrado, con aplomo, reservado.
3: creativo, sociable, complejo, temperamental.
4: estable, sustancial, dedicado, controlador.
5: sincero, adaptable, independiente, imprevisible.
6: compasivo, comprensivo, cariñoso, quisquilloso.
7: filosófico, justo, veraz, analítico.
8: decidido, resuelto, ambicioso, autoritario.
9: finales, tolerancia, apoyo, resentimiento.

También hay tres números maestros; son números que no se reducen cuando aparecen como número de año universal, mes universal o día universal.

11: intuitivo, motivado, espiritual, dudoso.
22: sensible, realizado, trabajador, problemático.
33: sin pretensiones, esperanzado, empático, descuidado.

Ejemplo: 11 de agosto de 2025

El número del año universal es 9 (2 + 0 + 2 + 5 = 9).
El número del mes universal es 8 (8 + 9 = 17, 1 + 7 = 8).
El número del día universal es 1 (1 + 1 = 2, + 8 = 10, 1 + 0 = 1).

Estos cálculos serán más fáciles cuanto más los hagas. Ahora toma el número de día universal y cásalo con el significado del undécimo día del mes. Vemos que el undécimo es un día en el que aumenta la sensibilidad, y sabemos que el 1 indica nuevos comienzos, por lo que una interpretación para el 11 de agosto de 2025 es que una nueva situación podría generar sensibilidad emocional.

Si utilizamos el 31 de octubre de 2025 como ejemplo, vemos que el año universal es el 9, el mes universal es el 1 y el día universal es el 5. Si unimos la sinceridad y flexibilidad del 5 con la extralimitación potencial del día 31, es un mensaje para que te mantengas flexible y fiel a ti misma para evitar el agotamiento por las actividades del día.

Añadir tiempo a la ecuación

Si quieres precisar algo de verdad, ten en cuenta también las horas y los minutos. Quizá vayas a casarte y desees calcular el momento más propicio para pronunciar tus votos: suma el año, el mes, el día, la hora y los minutos para obtener un número reducido, y luego compáralo con los significados diarios. Por ejemplo, las 15:30 del 24 de julio de 2026 quedaría así:

Empieza por el año y busca el número del día.

Año universal: 2 + 0 + 2 + 6 = 10, reducido a 1.

Mes universal: 1 + 7 (por julio) = 8.

Día universal: 2 + 4 (la fecha) = 6, + 8 = 14, reducido a 5.

Hora: 1 + 5 + 3 + 0 (la hora) = 9, + 5 (el día) = 14, reducido a 5.

Toma el significado del 24 y añádelo al significado de 5. En este caso, el 24 es un día de no implicarse demasiado, y el número 5 dinamiza eso con sinceridad y adaptabilidad. Esto podría interpretarse como

que alguien de la boda puede ser necesario o intentar robarte protagonismo, o que los cambios de última hora puedan significar que los planes tengan que alterarse de algún modo y lo mejor es dejarse llevar por la corriente.

Conclusión

Aprender a utilizar la numerología de este modo requiere práctica y paciencia, y puede que haya algunos tradicionalistas empedernidos que critiquen este método, pero confía en mí y comprueba cómo te funciona. Llevo años trabajando con números, y aunque hay un arte definido en ello, se puede ganar mucho. Puede que descubras que resuena contigo lo suficiente como para profundizar en la numerología, ¡y te animo a que lo hagas! Las matemáticas son el lenguaje universal; ¡hablémoslo!

Otras lecturas

DECOZ, H.: *Numerology: A Complete Guide to Understanding and Using Your Numbers of Destiny*. Nueva York: TarcherPerigee, 2001.

PHILLIPS, D.: *The Complete Book of Numerology*. California: Hay House, 2005.

STRAYHORN, L.: *Numbers and You: A Numerology Guide for Everyday Living*. Edición revisada. Nueva York: Ballantine Books, 1987.

La bruja sigilosa

por Jason Mankey

Muchos de nosotros somos libres de practicar nuestra brujería en público, y otros muchos no. Sea por la razón que sea, en ciertos momentos tenemos que ocultar nuestras herramientas y hechizos a familiares y amigos. También hay momentos en los que nos gustaría hacer un ritual pero no estamos en condiciones de hacerlo. Puede que la brujería ya no se practique tanto en las sombras, pero sigue siendo fácil mantenerla oculta. Si te encuentras practicando tu brujería en el armario, ¡aquí tienes algunos consejos para hacerlo más fácil!

Rituales privados

Existen decenas de miles de rituales disponibles en libros y en diversas plataformas en línea. Lo más frecuente es que esos rituales requieran un gran número de palabras y acciones, pero los rituales pueden hacerse en silencio o existir enteramente en la mente de cada uno. Algunos de los que se ven obligados a ocultar su práctica de brujería se despiertan en mitad de la noche, optando por llevar a cabo sus rituales mientras el resto de su hogar se pierde en el sueño. Ésta es, sin duda, una opción aceptable, pero no es la única, y los rituales somnolientos en mitad de la noche distan mucho de ser ideales para muchas brujas.

Los rituales tienen que ver principalmente con la conexión. Durante los rituales de brujería, conectamos con los poderes superiores, con nuestros amados difuntos, con el cambio de las estaciones, con el mundo natural y con la siempre presente corriente mágica del universo.

Todos estos tipos de conexión pueden lograrse sin palabras, herramientas ni mucha planificación. Todo lo que se necesita para un ritual eficaz es proporcionarte la oportunidad de conectar.

Los paseos, si puedes salir de tu casa o apartamento, son una forma maravillosa de participar en el ritual. Si celebras un *sabbat*, date un paseo y observa el mundo natural que te rodea, sintiendo el cambio de energía a medida que el mundo pasa de una estación a otra. También puedes visitar lugares específicos que correspondan a los *sabbats*. En Samhain, visita la tumba de un familiar fallecido, o simplemente pasea por un cementerio local durante tu pausa para comer. En Yule, una visita al centro comercial de la zona iluminado con luces navideñas es una forma de conectar con las antiguas celebraciones romanas de Saturnalia y nórdicas de Yule (¡a esos grupos les gustaban las luces y los regalos de diciembre tanto como a nosotros!).

Uno de los rituales de Imbolc más poderosos en los que he participado tuvo lugar justo delante de la ventana de mi habitación. Antes de acostarme, abrí la ventana y miré hacia la oscuridad de febrero, y me sorprendí cuando una brisa cálida llegó hasta mí, atravesando la oscuridad y el frío. Lo tomé como una promesa de que vendrían días más cálidos. En las noches de Luna llena, tómate un instante para contemplar el cielo a través de una ventana y deja que la luz de la Luna te ilumine. Estos pequeños gestos tienen un poder real y pueden ser tan satisfactorios como un gran ritual con muchas campanas y silbatos.

Los rituales también pueden realizarse mentalmente. Al fin y al cabo, creamos nuestra propia realidad, y visualizar un rito de noche de verano lleno de hadas y otras brujas es un ritual del todo mágico. Más allá de este mundo se encuentra el reino astral, un sitio donde nuestra conciencia puede conectarse con libertad con otras brujas y poderes superiores, sin las restricciones de nuestros cuerpos físicos. Domina la proyección astral y los mejores rituales de tu vida podrán tener lugar mientras tu yo físico está tumbado en la cama sin que nadie se entere.

Altares ocultos y herramientas secretas

Las redes sociales hacen que parezca que cada altar de brujería es una colección cuidadosamente dispuesta de velas, hierbas y herramientas dise-

ñadas específicamente para la práctica mágica, pero hay muchos tipos de altares. Un altar puede ser silencioso, o una alborotada sinfonía de pentagramas y estatuas de Hécate. Los altares son tan sólo lugares donde las brujas hacen magia, y las cosas que adornan esos altares sólo tienen que ser objetos sagrados e importantes para la bruja que hace el trabajo. Mi primer altar fue la parte superior de una cómoda donde había colocado una piña y una concha marina; era todo lo que necesitaba para practicar mi magia en aquel momento.

Esa piña y esa concha marina fueron también mis primeras estatuas de deidades «sigilosas», pues para mí representaban al Dios Astado y a la Gran Diosa. Incluso hoy en día mi salón alberga varias representaciones secretas de deidades. Hay una flauta de pan sobre una estantería en honor del dios Pan, y un búho de cerámica representa a Atenea. De forma similar, el altar de los antepasados de mi salón es simplemente una colección de fotografías enmarcadas de familiares que mi mujer y yo hemos perdido a lo largo de los años (junto con la urna que contiene los restos de mi difunta gata Princess). Lo que la mayoría de la gente no sabe es que detrás de esos portafotos y debajo de ese búho hay pequeñas notas dirigidas a mis abuelos y a Atenea.

Además de los altares seculares y las «estatuas» de deidades esparcidas por nuestra casa, mi mujer y yo hemos utilizado en varias ocasiones «herramientas secretas». Debido a que vivía en un hogar muy católico, las primeras herramientas de brujería de mi mujer fueron casi indetectables. Su primer athame fue un abrecartas, y su primer caldero fue un cuenco que hizo en clase de arte (¡y aún hoy utiliza ambas herramientas!). Mi primer cáliz fue una copa de vino bastante corriente que compré por dos dólares. Desde muy jóvenes, mi mujer y yo vivimos en situaciones en las que no podíamos dejar que nadie supiera que éramos brujos, ¡pero eso nunca detuvo nuestra práctica!

Una herramienta de brujería es simplemente cualquier objeto que te ayude a practicarla. Puedes encontrar en tu cocina las herramientas más utilizadas por las brujas. Esas herramientas no sólo están ya en tu casa, sino que usarlas no va a llamar la atención. Las herramientas de la naturaleza también son fáciles de obtener y de mantener en secreto. Las ramas caídas de los árboles son unas varitas magníficas.

Las herramientas no tienen por qué costar mucho dinero, y, desde luego, no tienen por qué anunciar que practicas la brujería. He visto a gente utilizar como herramientas juguetes de la infancia y adornos tanto de Navidad como de Halloween. Si deseas emplear herramientas mágicas en tu práctica, no hay nada correcto o incorrecto, y todo sirve. Sean cuales sean las herramientas que utilices, ¡simplemente deben parecerte mágicas!

Magia sigilosa

Antes de salir de casa todos los días, me pongo unas pulseras contra el mal de ojo bendecidas y consagradas. Por suerte para mí, las pulseras contra el mal de ojo (que repelen la negatividad) son fáciles de encontrar hoy en día y las lleva una gran variedad de personas de distintos trasfondos espirituales. Puede que el simple hecho de ponerse una pulsera no parezca un hechizo, ¡pero, sin duda, puede serlo! Mis pulseras son mágicas y tienen un propósito concreto: mantener alejado lo malo.

Las joyas son un excelente recurso mágico, y las pulseras, pendientes y collares que llevamos tienen el potencial de actuar como minihechizos. Llevar joyas hamsa es un hechizo protector fácil, y los cristales y piedras que suelen aparecer en las joyas también pueden utilizarse con fines mágicos. ¿Necesitas un poco más de claridad antes de un gran examen o una presentación en el trabajo? ¡Un collar con un poco de cuarzo transparente puede servir!

Los aceites esenciales son más populares que nunca y son completamente mágicos. Atrae algo de amor a tu vida con un poco de aceite de rosa, o líbrate de los obstáculos poniéndote un poco de aceite abrecaminos en las muñecas. Es fácil crear toda una biblioteca de aceites mágicos sin que nadie los relacione con la magia o la brujería. ¡Sólo tienes que decirle a la gente que te gustan los olores!

Y quizá lo más importante, al igual que los rituales, puedes hacer hechizos completamente en tu cabeza o en voz baja. Canta ese encantamiento cuando nadie te vea o visualiza esa vela encendida. La magia no tiene por qué esperar a la Luna llena, ¡y puede hacerse sin que nadie sepa que la estás haciendo!

Brujas conejos y conejos brujas

por Via Hedera

Los conejos a veces son brujas, y las brujas en ocasiones son conejos. Supongo que forma parte del oficio salir de nuestras pieles, entrar en comunión con un espíritu que se mueve por el mundo con la misma astucia, misterio y magnetismo que nosotros, los practicantes. Ella es la Madre de los Lebratos. Él es el Hermano Conejo. Son el Contemplador de la Luna, el Precursor, un espíritu que tutela a los jardineros, a los jugadores y, sí, a las brujas. La narración de la bruja, a través de la historia, a través del mito y la sabiduría popular, a través del primer plano de nuestras mentes supersticiosas, es un mundo lleno de espíritus. La bruja vuela entre ellos, con los fantasmas, los duendes y los macabros difuntos, sobre batidores de mantequilla y a lomos de cabras, sobre vendavales y como bolas de fuego, y a menudo como bestias comunes.

Las «brujas», o algo conceptualmente parecido a ellas, han existido entre casi todo tipo de personas, en casi todos los países, y la creencia generalizada es que adoptan formas inhumanas para realizar su trabajo; son esos pequeños animales a escasa altura del suelo y que se mueven con mucha celeridad, a sabiendas, entre ramas, zarzas y zarzales, los más populares en la mitología y la práctica de la brujería. Son esas formas demasiado familiares e inocuas tomadas en la naturaleza las más adecuadas para quienes desean moverse por el mundo sin ser vistos o realizar sus trabajos en silencio y en secreto. ¿Quién sospecharía que el simple ratón de la despensa o la liebre de los prados realizan maleficios o invocan al diablo en casa? Al fin y al cabo, las brujas son muy astutas. Quizá se pongan la piel de un lobo y cacen en el campo en sus batallas de medianoche, o tal vez la bruja sueñe que su espíritu se convierte en una bestia, volando en espíritu a otros mundos sin aliento. Es nuestra forma de ser, dejar nuestra carne en el espíritu o, como dice la leyenda, en la piel de las bestias de la Tierra.

«Muy pocos hombres conocen un conejo bruja; sólo los expertos pueden distinguirlo de la cola de algodón común», escribió el periodista M. V. Ingram en 1984. La liebre o *Lepus*, tan a menudo asociada a las brujas, la brujería y la magia en el Viejo Mundo, es la prima mayor, más larga y más delgada del conejo. Los lebratos nacen con vista y normalmente sobre la superficie, en nidos, en lugar de en complejos subterráneos de madrigueras o conejeras. Las liebres americanas son liebres, no conejos, lo que contribuye a la confusión que rodea a la diferenciación entre estos animales. Los conejos suelen tener a sus crías bajo tierra, en la oscuridad. Nacen sin pelo y ciegos, y se alimentan en el suelo fresco. La liebre nace cerca de la luz y preparada para el movimiento, mientras que el conejo se cría primero en la sombra y la oscuridad, una vida crepuscular, con largas permanencias en los santuarios bajo la tierra húmeda. No son sólo los lugares subterráneos los que los conejos y las liebres consideran su hogar. Según el clima, el país y la especie, los conejos, las picas y las liebres ocupan todo tipo de biomas: ciénagas, pantanos, bosques de abedules, peñascos escarpados, acantilados, zanjas de humedales y embalses urbanos. Los conejos y las liebres van allá donde se atreven (setos, praderas e incluso volcanes) y se hacen un hueco donde pueden, como hacemos las brujas.

Dependiendo del país, de sus gentes y de su mitología y perspectiva del mundo natural, el conejo o la liebre era al mismo tiempo creador y destructor, necio y también hierofante, prestidigitador y cobarde, y a menudo (muy a menudo, de hecho) era el mejor amigo de la bruja. Las criaturas que habitan en lugares terrenales, en horas liminales y a la luz de la Luna, que parecen desaparecer en un instante, que significan el cambio allá donde van, son parientes espirituales del practicante común de la magia.

El folclore del Viejo y del Nuevo Mundo cuenta una historia oscura y sangrienta de un conejo bruja, de liebres que roban leche y de «criaturas temibles» que tan a menudo aportan el elemento de misterio y magia a una situación. No es de extrañar que estas criaturas se confundan tan a menudo con brujas, que se parecen tanto a las liebres con su magia lunar y sus extrañas danzas en el bosque. La presencia de *Lepus* sugiere la asistencia de espíritus, fantasmas o incluso demonios, y no pocas almas supersticiosas juran haber perseguido y herido a una liebre sólo para encontrar a una persona herida donde debería estar la liebre ensangrentada. En general, el folclore occidental suele pintar al conejo como un ser que ha soportado un mundo de sufrimiento y, sin embargo, sobrevive contra todo pronóstico, esquivando obstáculos y escarbando su camino para salir del peligro, con astucia y con prestidigitación.

Un familiar

El término conejo bruja o liebre bruja puede referirse a una visión, un animal, un espíritu familiar, una bruja o un demonio. Hay algunos tipos de conejos y liebres hechizantes en el folclore regional norteamericano.

En primer lugar, están los espíritus de liebre y conejo, a menudo empleados en el trabajo de las brujas, que se mueven con libertad entre los mundos y que pueden o no acudir a guiar a un practicante.

Luego, hay entidades que adoptan la forma de una liebre; pueden ser duendes, demonios, espíritus, fantasmas..., y también llegan a ser empleadas por las brujas en ocasiones. Ingram se refirió a esta entidad como un duende cuya forma preferida era una liebre o un conejo: «El fantasma de la liebre disfrutaba maliciosamente saltando a la carretera, mostrándose a todo el que pasaba por el carril delante de la casa». Cuando la brujería habla de esos «pactos familiares» que se detallan en los juicios, los familiares en estas referencias eran espíritus, fantasmas, diablos o demonios que sólo parecían animales o bestias, pero que eran algo totalmente distinto.

Por último, están las brujas metamorfoseadas, practicantes que envían su propio espíritu (o una parte o reflejo de él) a modo de liebre o conejo. Estos conejos o liebres bruja adoptan la forma de una liebre mediante el espíritu o, supuestamente, pueden incluso desprenderse de su piel humana y cambiar de forma, moviéndose por los ojos de las cerraduras y por las rendijas bajo las puertas al caer la noche.

Tanto la liebre como el conejo gobiernan a todas las brujas que saltan setos y lanzan maldiciones, que adivinan y hacen compañía a los huesos de la tierra. Son una corte de compañeras de los dioses de la juventud, la primavera, el amanecer y las lunas frescas, una corte de curanderas a la luz de la Luna y confiteras sagradas. Son presagios de la muerte inevitable, traficantes de la buena o de la mala suerte.

Un presagio

El conejo es un presagio, una señal de fantasmas y espíritus, brujas y demonios, y se dice que ronda los cementerios. Ver a uno en un cruce de caminos o en un cementerio presagia que los muertos se mueven entre nosotros. Ver a un conejo blanco podía presagiar una fatalidad, y ver a un conejo negro en un cementerio era una señal de suerte, pues a menudo se pensaba que el conejo de la tumba era una bruja disfrazada, y coger su pata significaba coger su poder mágico.

Un amante

Además de ser una personificación del misterio diabólico, el conejo y la liebre en el folclore oculto de Oriente y Occidente eran criaturas fuertemente sexuales, que se observan en los motivos artísticos del amor y la sensualidad, espíritus de los que antaño se creía que alteraban su sexo con la marea de la Luna o el año. Los espíritus de liebre residen en compañía de dioses que rigen el matrimonio, el placer y el deseo, decorando prados en compañía de dioses del amor en *Venus, Marte y Cupido* de Piero di Cosimo o siendo regalados entre dioses y amantes en jarrones de la antigüedad griega, como el cuenco mezclador de Bendis, Apolo y Hermes.

La bruja

Qué extraño parece que el tímido, receloso e implacable conejo llegara a asociarse con un poder tan temible como el del conjuro, la brujería y la medicina, los grandes caminos de la magia en el Nuevo Mundo. Pero dada su presencia constante en nuestro arte, nuestra imaginería social y nuestras historias del folclore, parece inevitable que se revelara el vínculo forjado por la Luna entre lagomorfo y mago.

El conejo bruja y la liebre bruja pueden ser las almas de brujas jóvenes y viejas, de todos los géneros y transformadas. No pueden ser esclavizadas y no serán contenidas. Son los amigos familiares y los fieles factótums con los que tan a menudo viajamos en nuestros avatares de otro mundo. En sueños, en la tierra, a la luz de la Luna, nos movemos con las liebres, los conejos e incluso las ladronzuelas picas. Como lebrílopes y liebres cornudas, como liebres lecheras y conejos de cementerio, nos movemos juntas, al servicio de la Luna, de la Tierra… y de la magia. Somos la sagrada madriguera de las brujas, y recorremos la noche iluminada por la Luna.

Bibliografía

Pintor de Bendis. Cuenco mezclador (crátera). 3170-360 a. C. Figura de cerámica roja, 43 cm. Museo de Bellas Artes de Boston.

CHAPMAN, J. A.: *Rabbits, Hares and Pikas: Status Survey and Conservation Action Plan*. Gland, Suiza: IUCN / SSC Lagomorph Specialist Group, 1990, pág. 144.

CROSS, T. P.: «Witchcraft in North Carolina». *Studies in Philology* 16, n.º 3, julio de 2019, págs. 217-287.

HUNT, R.: *Popular Romances of the West of England*, vol. 2, Londres: John Candem Hotten, 1865, págs. 162-164.

INGRAM, M. V.: *An Authenticated History of the Famous Bell Witch*, Nashville: Setliff & Co., 1894, pág. 57.

Enero 2025

L	M	X	J
		1	2
		Día de Año Nuevo	
6	☽	8	9
○	14	15	16
Luna Fría			
20	☾	22	23
27	28	●	30
		Año Nuevo chino (serpiente)	
3	4	5	6

V	S	D	
	3	4	5	*Notas*
	10	11	12	
	17	18	19 El Sol entra en Acuario.	
	24	25	26	
	31	1	2	
	7	8	9	

Diciembre/enero

● Lunes
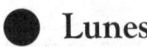
4.ª ♑
Luna nueva 23:27
Color: gris

31 Martes
1.ª ♑
Color: escarlata

Nochevieja

1 Miércoles
1.ª ♑
☽ v/c 07:02
☽ entra en ♒ 11:50
Color: marrón

Día de Año Nuevo.
Finaliza Kwanzaa.

2 Jueves
1.ª ♒
Color: púrpura

Finaliza Hanukkah

3 Viernes

1.ª ♒
♀ entra en ♓ 04:24
☽ v/c 05:13
☽ entra en ♓ 16:21
Color: rosado

Hora legal en España

Chili de pollo blanco reconfortante

450 g de muslos de pollo deshuesados
2 latas de 425 g de alubias blancas
1 taza de maíz tostado congelado
1 chile poblano, picado
1 cebolla amarilla grande picada
1 lata de 125 g de chiles verdes suaves
1 taza de caldo de pollo
½ cucharadita de cebollino seco
1 cucharadita de cebolla en polvo
1 cucharadita de ajo en polvo
1 cucharada de chile en polvo
Sal y pimienta al gusto
Zumo de ½ lima
Un trozo de 225 g de queso crema, cortado en dados
1 taza de queso monterey jack rallado

Pon todos los ingredientes (excepto el queso monterey jack) en una olla de cocción lenta, empezando por el pollo en el fondo. Deja que se cocine a fuego fuerte durante 4 horas o a fuego lento durante 8 horas. Justo antes de servir, retira la tapa con cuidado y remueve el chili para desmenuzar el pollo. Añade el queso jack y remueve hasta que se derrita. Sírvelo inmediatamente. Si prefieres utilizar los fogones, cocina primero el pollo y, a continuación, agrega el resto de ingredientes como se ha indicado. Cocina a fuego lento y remueve cada hora durante 4 horas. Para 6-8 raciones.

—Dawn Aurora Hunt

4 Sábado

1.ª ♓
Color: negro

5 Domingo

1.ª ♓
☽ v/c 15:30
☽ entra en ♈ 20:01
Color: amarillo

El roble está relacionado con la fuerza y la paternidad.

Enero

6 Lunes
1.ª ♈
♂ entra en ♋ 11:44
Color: plata

La lana de oveja se relaciona con la tierra. Varía en textura, se presenta en muchos colores naturales y se mantiene caliente incluso mojada.

☽ Martes
2.ª ♈
Cuarto creciente 00:56
☽ v/c 22:16
☽ entra en ♉ 23:11
Color: blanco

8 Miércoles
2.ª ♉
☿ entra en ♑ 11:30
Color: topacio

Las palmeras simbolizan la flexibilidad y la abundancia.

9 Jueves
2.ª ♉
☽ v/c 23:50
Color: carmesí

10 Viernes
2.ª ♊
☽ entra en ♊ 02:07
Color: rosa

Hora legal en España

11 Sábado
2.ª ♊
Color: marrón

12 Domingo

2.ª ♋
☽ v/c 01:03
☽ entra en ♋ 05:24
Color: oro

El oro aporta energías solares y masculinas.

Hora legal en España

Enero

○ Lunes
2.ª ♋
Luna llena 23:27
Color: blanco

Luna Fría

14 Martes
3.ª ♋
☽ v/c 05:46
☽ entra en ♌ 10:12
Color: negro

Las semillas de membrillo refuerzan los hechizos para el amor y la felicidad.

15 Miércoles
3.ª ♌
Color: amarillo

16 Jueves
3.ª ♌
☽ v/c 05:10
☽ entra en ♍ 17:46
Color: verde

Los cuervos representan la profecía y el misticismo.

17 Viernes
3.ª ♍
Color: blanco

Luna llena de enero

La Luna llena de enero trae un tipo especial de esperanza junto con el nuevo año natural. Los meses se extienden ante ti como un campo de nieve fresca y brillante sin una sola huella, una página en blanco por llenar.

Cada copo de nieve comienza como una partícula de polvo en lo alto del cielo que acumula agua mientras flota hacia abajo a través de la oscuridad. En su viaje, se congela, formando impresionantes facetas de cristal, transformándose en algo de una belleza completamente única e irrepetible.

Si nieva donde resides, recoge algunos copos de nieve y contempla su hipnotizante perfección, formada sin esfuerzo por la naturaleza y las circunstancias. Si lo piensas, cada uno de ellos es realmente maravilloso. La naturaleza crea magia todos los días, y la vida está llena de simples maravillas como ésta. Empieza este año permitiendo que la luz de la Luna llena de enero abra tus ojos a la magia cotidiana que te rodea. Piensa en las posibilidades que están por venir y en cómo tú también estás cambiando todo el tiempo, transformándote en algo maravilloso.

—Kate Freuler

---

18 Sábado
3.ª ♍
Color: añil

---

19 Domingo
3.ª ♎
☽ v/c 03:01
☽ entra en ♎ 04:33
☉ entra en ♒ 21:00
Color: naranja

El Sol entra en Acuario.

Hora legal en España

Enero

20 Lunes
3.ª ♎
Color: marfil

☾ Martes
3.ª ♎
☽ v/c 05:34
☽ entra en ♏ 17:20
Cuarto menguante 21:31
Color: gris

Comienza el mes arbóreo celta del serbal.

22 Miércoles
4.ª ♏
Color: marrón

23 Jueves
4.ª ♏
Color: púrpura

24 Viernes
4.ª ♐
☽ v/c 01:03
☽ entra en ♐ 05:29
Color: coral

Las rosas representan nuevos comienzos y bendiciones.

Hora legal en España

Sigilo de la buena salud

Este sigilo está diseñado para ayudar en los procesos que contribuyen a una buena salud sostenible, así como para prevenir o reducir las crisis sanitarias. En este sigilo se han tenido en cuenta los siguientes elementos: protección, *mindfulness* responsable, conciencia de comunidad, promoción de la limpieza y la buena higiene, minimizar la transmisión, buena salud sostenida, recursos suficientes para todos para la prevención y el tratamiento adecuados, acceso asequible a esos recursos para todos, infundir calma y dejarse guiar por la sabiduría y el sentido común.

Para emplear este sigilo, colócalo en lugares públicos donde pueda aumentar la transmisión de enfermedades contagiosas (salas de reuniones, baños, cocinas), así como en sitios donde la promoción de excelentes hábitos sanitarios beneficie a todos. Colócalo en ventanas y puertas, sobre todo en las que separan los espacios públicos de los privados. Graba el sigilo en el jabón para lavarse el cuerpo. Aplícalo a los recipientes de tinturas beneficiosas para la salud, a las botellas de agua y a otros vasos personales, así como a los aceites utilizados para ungir el cuerpo. Dibújalo sobre la piel con rotuladores no tóxicos o maquillaje. Colócalo en velas para ayudar a concentrar la energía en quienes necesitan protección adicional o un aporte de salud.

—Laura Tempest Zakroff

---

25 Sábado

4.ª ♐

Color: azul

La equinácea simboliza la resistencia y la fortificación.

26 Domingo

4.ª ♐
☽ v/c 10:40
☽ entra en ♑ 14:43
Color: ámbar

Hora legal en España

Febrero 2025

L	M	X	J
3	4	☽	6
10	11	○ Luna Avivadora	13
17	18 El Sol entra en Piscis.	19	☾
24	25	26	27
3	4	5	6

V	S	D	
	1	2	**Notas**
		Imbolc	....
			....
			....
7	8	9	....
			....
			....
14	15	16	....
			....
			....
Día de san Valentín			....
21	22	23	....
			....
			....
			....
●	1	2	....
			....
			....
			....
7	8	9	....
			....
			....

Enero/febrero

27 Lunes
4.ª ♑︎
Color: lavanda

28 Martes
4.ª ♑︎
☿ entra en ♒︎ 03:53
☽ v/c 16:48
☽ entra en ♒︎ 20:31
Color: granate

En el mito griego, el rey Eolo es el guardián de los vientos.

● Miércoles
4.ª ♒︎
Luna nueva 13:36
Color: blanco

Año Nuevo chino (serpiente)

30 Jueves
1.ª ♒︎
☽ v/c 12:29
♅ D 17:22
☽ entra en ♓︎ 23:52
Color: turquesa

Para resolver diferencias personales,
utiliza unakita rosa y verde.

31 Viernes
1.ª ♓︎
Color: rosa

Hora legal en España

Candelaria

Para facilitar su conquista religiosa, la Iglesia católica incorporó las tradiciones locales a sus fiestas y servicios. La tradición de la Vela del Trueno en Polonia es un ejemplo de estas conversiones. Algunos devotos asisten a los servicios de la Candelaria el 2 de febrero para obtener una vela bendecida. Las velas, llamadas *gromnice,* se rocían con agua bendita como parte de la bendición del sacerdote católico y se distribuyen al final del servicio. Los miembros de la casa sólo encienden la vela durante las tormentas para evitar que los rayos la dañen o cuando alguien pasa de la vida a la muerte, para guiar a esa persona en su camino. Cuando se enciende, una oración dirigida a «Nuestra Señora de la Vela del Trueno» (una versión de María, madre de Cristo) pide protección y misericordia. Algunos folcloristas especulan que originalmente los eslavos rezaban a Devanna (Dziwanna), una diosa de la tormenta parecida a una Perséfone amazónica, o posiblemente a Morana, diosa de la muerte, el invierno y la noche, antes de la sincretización católica.

—Diana Rajchel

---

1 Sábado
1.ª ♓
☽ v/c 23:06
Color: gris

---

2 Domingo
1.ª ♈
☽ entra en ♈ 02:10
Color: naranja

Imbolc

Febrero

3 Lunes
1.ª ♈
☽ v/c 11:19
Color: marfil

Día de Imbolc intermedio entre el solsticio de invierno y el equinoccio de primavera, ancestro de la festividad de la Candelaria (el Sol alcanza 15° Acuario).

4 Martes
1.ª ♉
☽ entra en ♉ 04:33
♀ entra en ♈ 08:57
♃ D 10:40
Color: escarlata

☽ Miércoles
1.ª ♉
Cuarto creciente 09:02
Color: amarillo

El aliento de bebé representa la pureza y la inocencia.

6 Jueves
2.ª ♉
☽ v/c 04:29
☽ entra en ♊ 07:44
Color: blanco

El tejido SeaCell se relaciona con el agua, ya que está confeccionado con algas marinas. Es pálido y muy sedoso.

7 Viernes
2.ª ♊
Color: púrpura

Hora legal en España

8 Sábado

2.ª ♊
☽ v/c 08:52
☽ entra en ♋ 12:04
Color: azul

9 Domingo

2.ª ♋
Color: oro

El rubí fucsita es una buena piedra de masaje y varita curativa.

Hora legal en España

Febrero

10 Lunes
2.ª ♋
☾ v/c 14:49
☾ entra en ♌ 18:01
Color: gris

11 Martes
2.ª ♌
Color: rojo

Utiliza incienso de copal para levantar el ánimo.

○ Miércoles
2.ª ♌
Luna llena 14:53
☾ v/c 20:12
Color: marrón

Luna Avivadora

13 Jueves
3.ª ♍
☾ entra en ♍ 02:07
Color: púrpura

14 Viernes
3.ª ♍
☿ entra en ♓ 13:06
Color: coral

Día de san Valentín

Luna llena de febrero

La Luna llena de febrero pone de relieve los afilados fragmentos de hielo del paisaje helado de las regiones más frías. Los carámbanos cuelgan de las ramas de los árboles y de los bordes de los tejados, encarnando la acción que se ha detenido por un momento de quietud. Un carámbano es agua congelada en movimiento. Da la impresión de detenerse, pero es más bien una breve pausa entre estados del ser, un momento liminal atrapado en el hielo, pues pronto se derretirá y continuará su viaje.

El oscuro mes de febrero puede hacernos sentir como si estuviéramos en suspenso, esperando la oscuridad antes del regreso del Sol. Como los carámbanos, a menudo estamos en un estado de fluctuación, cambiando y adaptándonos a medida que navegamos por la vida. La Luna llena de febrero es una oportunidad para detenerte, congelarte y contemplar cualquier transformación que estés emprendiendo. ¿Dónde has estado, dónde estás ahora y qué es lo próximo que harás?

—Kate Freuler

15 Sábado
3.ª ♍
☽ v/c 09:36
☽ entra en ♎ 12:45
Color: añil

> «Déjanos algo de magia en el mundo. Déjanos algo de misterio para disfrutar». —Stuart Hill

16 Domingo
3.ª ♎
Color: ámbar

Febrero

17 Lunes
3.ª ♎
Color: plata

18 Martes
3.ª ♏
☽ v/c 00:24
☽ entra en ♏ 01:19
☉ entra en ♓ 11:07
Color: negro

El Sol entra en Piscis.
Comienza el mes arbóreo celta del fresno.

19 Miércoles
3.ª ♏
Color: blanco

☾ Jueves
3.ª ♏
☽ v/c 11:06
☽ entra en ♐ 13:55
Cuarto menguante 18:33
Color: verde

La diosa etrusca de la agricultura es Horta.

21 Viernes
4.ª ♐
Color: rosa

Hora legal en España

Pudin de pan de Brígida

1 barra de pan *challah* o *brioche*
  (mejor si es de hace 1-2 días)
1 taza de pasas (opcional)
½ taza de mantequilla con sal
2 tazas de leche
2 tazas de nata espesa
4 huevos grandes
1 ½ taza de azúcar granulado
½ taza de azúcar moreno
1 cucharada de canela
2 cucharadas de extracto de vainilla
½ taza de bourbon (opcional)

Precalienta el horno a 175 °C. Prepara una fuente de horno grande rociándola con aceite en aerosol o engrasándola con mantequilla. Corta el pan en dados de 2,5 cm y colócalos en la fuente. Esparce las pasas. Derrite la mantequilla en un cazo grande. Retírala del fuego y bate con cuidado la leche, la nata, los huevos, los azúcares, la canela, la vainilla y el bourbon. Mientras la mezcla aún está caliente, viértela sobre los dados de pan preparados, asegurándote de que todos estén uniformemente cubiertos. Hornea durante 60 minutos o hasta que el líquido haya cuajado y la parte superior esté ligeramente dorada. Sírvelo caliente o a temperatura ambiente espolvoreado con azúcar glas.

Para preparar esta receta sin gluten, emplea pan elaborado con harina de sorgo o tapioca sin gluten.

—Dawn Aurora Hunt

---

22 Sábado
4.ª ♐
☽ v/c 21:38
Color: marrón

---

23 Domingo
4.ª ♑
☽ entra en ♑ 00:09
Color: amarillo

Hora legal en España

Marzo 2025

L	M	X	J
3	4	5	☾
10	11	12	13
17	18	19	20 Ostara / equinoccio de primavera. El Sol entra en Aries.
24	25	26	27
31	1	2	3

V	S	D	
	1	2	***Notas***
7	8	9	
○ Luna de Tormenta. Eclipse lunar.	15	16	
21	☾	23	
28	● Eclipse solar	30 A las 02:00 comienza el horario de verano en España.	
4	5	6	

Febrero/marzo

24 Lunes
4.ª ♑
♂ D 03:00
Color: blanco

Marte directo.
En Japón, Kichijoten es la diosa budista de
la belleza, inspirada en la deidad hindú Lakshmi.

25 Martes
4.ª ♑
☽ v/c 04:28
☽ entra en ♒ 06:40
Color: gris

26 Miércoles
4.ª ♒
☽ v/c 23:04
Color: topacio

27 Jueves
4.ª ♒
☽ entra en ♓ 09:46
Color: carmesí

*La fibra de bambú está asociada al agua.
Es suave, mullida, absorbente y duradera.*

● Viernes
1.ª ♓
Luna nueva 01:45
Color: rosado

Comienza el ramadán (al anochecer del día 28 de febrero).

Hora legal en España

Sigilo desbloqueador

El sigilo desbloqueador es ideal para esos momentos en los que sientes que las cosas no se mueven o fluyen como de costumbre. Puedes utilizarlo para estimular la inspiración o hacer avanzar temas que parecen arrastrarse. Así que no sólo es bueno para la limpieza emocional y mental, sino también para situaciones físicas.

En este sigilo se han incluido los siguientes elementos: estimular el movimiento, fomentar la creatividad, atraer la inspiración hacia ti, dar poder, infundir una sensación de libertad, dejar espacio para la alegría y la felicidad, y fomentar la conexión para aumentar el compromiso.

Considera la posibilidad de utilizar este sigilo junto con el calendario lunar. Trabaja con la Luna menguante para eliminar bloqueos, usa la Luna creciente para impulsar las cosas, aprovecha la Luna llena para un gran impulso creativo o emplea el sigilo durante la Luna nueva para recargarte. Puedes llevar este sigilo al agua dibujándolo en la arena o la tierra, donde las olas puedan arrastrarlo, o dibujarlo en una hoja y soltarlo en agua corriente.

—Laura Tempest Zakroff

1 Sábado

1.ª ♓
☽ v/c 09:05
☽ entra en ♈ 10:52
Color: negro

2 Domingo

1.ª ♈
♀ ℞ 01:36
☽ v/c 14:52
Color: oro

Venus retrógrado hasta el día 12 de abril

Hora legal en España

Marzo

3 Lunes

1.ª ♈
☿ entra en ♈ 10:04
☽ entra en ♉ 11:37
Color: lavanda

La lavanda aborda la intuición y los sueños.

4 Martes

1.ª ♉
Color: granate

Martes de carnaval

5 Miércoles
1.ª ♉
☽ v/c 11:53
☽ entra en ♊ 13:29
Color: amarillo

Miércoles de ceniza

☽ Jueves
1.ª ♊
Cuarto creciente 17:32
Color: turquesa

7 Viernes

2.ª ♊
☽ v/c 15:57
☽ entra en ♋ 17:29
Color: blanco

8 Sábado
2.ª ♋
Color: añil

9 Domingo
2.ª ♋
☽ v/c 23:32
Color: añil

Hora legal en España

Marzo

10 Lunes
2.ª ♌
☽ entra en ♌ 00:59
Color: gris

11 Martes
2.ª ♌
☽ v/c 22:16
Color: blanco

El espíritu del pato ofrece calma y consuelo emocional.

12 Miércoles
2.ª ♌
☽ entra en ♍ 09:56
Color: topacio

13 Jueves
2.ª ♍
Color: púrpura

Comienza Purim (al anochecer del día 12 de marzo).

○ Viernes
2.ª ♍
Luna llena 08:55
☽ v/c 19:47
☽ entra en ♎ 20:59
Color: rosa

Luna de Tormenta.
Eclipse lunar a 23° ♍ 57'

Hora legal en España

Luna llena de marzo

La Luna llena de marzo capta el espíritu ventoso del mes. Los vientos de marzo son imprevisibles; a veces se abalanzan con una dureza alarmante, y en otras ocasiones nos cosquillean la piel con suaves brisas. Tanto si aúlla con fuerza como si susurra suavemente, el viento siempre parece transmitir mensajes. La antigua voz del viento habla el lenguaje de los árboles y las estrellas. Tú tienes el mismo origen que los árboles y las estrellas, y si escuchas con atención, reconocerás este lenguaje.

El elemento aire, y, por tanto, el viento, contiene el espíritu de la comunicación. La Luna llena de marzo te ofrece la oportunidad de prestar atención a la información que pueda llegar de la naturaleza, del universo o de tu propio espíritu. Abre tu corazón esta Luna llena y pide que te guíe. Respira profundamente la brisa fragante que lleva el aroma del despertar de la Tierra. Acalla tus pensamientos y tu mente, y luego escucha los sonidos bajo el bullicio del ajetreo diario. ¿Tiene el viento un mensaje para ti?

—Kate Freuler

15 Sábado
3.ª ♎
☿ ℞ 08:46
Color: azul

Mercurio retrógrado hasta el día 7 de abril

16 Domingo
3.ª ♎
☽ v/c 11:53
Color: ámbar

Hora legal en España

Marzo

17 Lunes
3.ª ♎︎
☽ entra en ♏︎ 09:30
Color: marfil

18 Martes
3.ª ♏︎
Color: rojo

Comienza el mes arbóreo celta del aliso.

19 Miércoles
3.ª ♏︎
☽ v/c 21:28
☽ entra en ♐︎ 22:17
Color: marrón

Día del Padre

20 Jueves
3.ª ♐︎
☉ entra en ♈︎ 11:01
Color: blanco

Ostara / equinoccio de primavera.
Día Internacional de la Astrología.
El Sol entra en Aries.

21 Viernes
3.ª ♐︎
Color: coral

Hora legal en España

Equinoccio de primavera

En el equinoccio de primavera, Polonia celebra tanto una tradición cívica como una fiesta pagana conmutada al catolicismo.

La diosa (o a veces demonio) Morana, en ocasiones llamada Marzana, representaba el invierno, la muerte y las relaciones amorosas rotas. En algunas versiones, era la reina seductora y malvada de los cuentos de hadas europeos. Para celebrar el final del invierno y la llegada de la primavera, se hacían efigies de ella con paja y la ropa desechada de las mujeres del lugar. Primero, los celebrantes quemaban la efigie, y luego debían recoger todos los restos del fuego y arrojarlos a un río para que el invierno siguiera su camino y no volviera hasta el momento oportuno. Hoy en día, algunos padres consideran la tradición demasiado morbosa, por lo que, en lugar de destruirla de forma ritual, hacen que sus hijos lleven a la muñeca en una pequeña procesión para saludar a la primavera.

En Polonia también existe una celebración cívica del Día de la Tierra en el equinoccio de primavera, para quienes no se sientan inclinados hacia la tradición sincrética pagano-católica. Ese día, distintas organizaciones ofrecen talleres sobre cómo mejorar el impacto de la humanidad en los recursos de la Tierra por todo el país.

—Diana Rajchel

☾ Sábado

3.ª ♐
☾ v/c 08:53
☾ entra en ♑ 09:29
Cuarto menguante 13:29
Color: gris

Entierra verbena en el jardín para protegerte de las tormentas y los rayos.

23 Domingo

4.ª ♑
Color: naranja

Hora legal en España

Marzo

24 Lunes
4.ª ♑
☽ v/c 17:01
☽ entra en ♒ 17:25
Color: plata

25 Martes
4.ª ♒
Color: negro

*El espíritu del caimán transmite
protección maternal e instintos de supervivencia.*

26 Miércoles
4.ª ♒
☽ v/c 12:15
☽ entra en ♓ 21:31
Color: blanco

27 Jueves
4.ª ♓
♀ entra en ♓ 10:41
Color: verde

Los claveles se corresponden con la comunicación y las emociones.

28 Viernes
4.ª ♓
☽ v/c 22:30
☽ entra en ♈ 22:36
Color: púrpura

Hora legal en España

Pasta con verduras al limón

Este sencillo plato se prepara con verduras de primavera y limón para ayudar a limpiar y purificar, dejando espacio para todo lo que crecerá en la próxima estación.

450 g de pasta *farfalle* (pajarita)
2 cucharadas de aceite de oliva
3 dientes de ajo
1 taza de espárragos picados
1 taza de espinacas tiernas
1 taza de guisantes frescos
½ taza de vino blanco
Zumo y ralladura de 1 limón
Pimienta negra
Microbrotes frescos o perejil de hoja plana para decorar

Lleva a ebullición una olla grande de agua con sal. Cuece la pasta según las instrucciones del paquete, reservando ½ taza del líquido de cocción. Mientras tanto, calienta aceite de oliva en una sartén grande y rehoga el ajo hasta que chisporrotee y desprenda aroma. Añade los espárragos, las espinacas y los guisantes. Saltéalos durante unos 3-5 minutos, hasta que estén ligeramente cocidos pero aún firmes. Vierte el vino blanco y el zumo de limón. Agrega la pasta y el agua que habías reservado. Incorpora la ralladura de limón y el queso parmesano. Remueve para que todo se mezcle bien. Sírvelo inmediatamente, con más queso parmesano, pimienta negra y microbrotes. Para 4 raciones.

—Dawn Aurora Hunt

Sábado

4.ª ♈
Luna nueva 12:58
Color: marrón

Eclipse solar a 9° ♈ 00'

---

30 Domingo

1.ª ♈
☿ entra en ♓ 04:18
☽ v/c 10:18
♆ entra en ♈ 13:00
☽ entra en ♉ 21:16
Color: oro

A las 02:00 comienza el horario de verano en España.
Comienza Eid al-Fitr al anochecer del día 29 de marzo
(finaliza el ramadán).

Abril 2025

L	M	X	J
	1	2	3
7	8	9	10
Mercurio directo			
14	15	16	17
☾	22	23	24
	Día de la Tierra		
28	29	30	1
5	6	7	8

V	S	D	
4	☽	6	**Notas**
11	12	○ Luna de Viento	
18	19 El Sol entra en Tauro.	20	
25	26	●	
2	3	4	
9	10	11	

Marzo/abril

31 Lunes
1.ª ♉
Color: lavanda

Los ásteres ofrecen orientación y sabiduría astrológica.

1 Martes
1.ª ♉
☽ v/c 18:43
☽ entra en ♊ 21:26
Color: escarlata

2 Miércoles
1.ª ♊
Color: topacio

Para atraer el amor y la suerte, utiliza incienso de jazmín.

3 Jueves
1.ª ♊
☽ v/c 19:26
☽ entra en ♋ 23:50
Color: turquesa

4 Viernes
1.ª ♋
Color: rosado

Horario de verano en España

Sigilo de la buena suerte

Este sigilo está diseñado para que atraiga la buena suerte a tu persona. También puedes utilizarlo para dirigir esas vibraciones de suerte a alguien o a algún otro lugar.

En este sigilo se han incluido los siguientes elementos: buena salud, riqueza sostenible, estar abierto a las oportunidades, claridad de enfoque y perspicacia para ayudar a detectar oportunidades y resultados favorables, protección (para ayudar a mantener la suerte) e iniciativa (para continuar por el buen camino).

Puedes dibujar el sigilo sobre tu cuerpo con aceite de unción (especialmente aceite van van o uno similar), o puedes emplear un rotulador o maquillaje que no dañe la piel. También puedes ponerlo en algo llevable, como una joya, un parche, un abrigo, una camisa o un bolso. Marca la puerta de tu casa con el sigilo o colócalo en los vehículos para mantenerlos a salvo y atraer la buena fortuna. Asimismo puedes grabarlo en una vela (verde, arcoíris o blanca), colocar el sigilo en una botella de agua reutilizable o infusionarlo en tu café o té.

—Laura Tempest Zakroff

☽ Sábado

2.ª ♋
Cuarto creciente 03:15
☽ v/c 23:54
Color: azul

6 Domingo

2.ª ♋
☽ entra en ♌ 05:34
Color: naranja

El espino es un árbol feérico que también se relaciona con los antepasados.

Horario de verano en España

Abril

7 Lunes
2.ª ♌
☿ D 12:08
Color: blanco

Mercurio directo

8 Martes
2.ª ♌
☽ v/c 05:08
☽ entra en ♍ 14:40
Color: rojo

9 Miércoles
2.ª ♍
Color: marrón

Damu es el dios mesopotámico de la vegetación.

10 Jueves
2.ª ♍
☽ v/c 20:49
Color: carmesí

11 Viernes
2.ª ♎
☽ entra en ♎ 02:12
Color: coral

*El espíritu del caribú protege a los viajeros
y los orienta a lo largo del camino.*

Horario de verano en España

Luna llena de abril

Las lluvias de abril nutren la tierra para que las flores, las plantas y los cultivos puedan despertar y florecer. La Luna llena de abril ilumina y alimenta tu potencial de la misma manera. Si contemplaras una gota de lluvia, te verías reflejada en ella. Eres parte de la fuerza que alimenta el futuro. Este proceso se autogenera, igual que la naturaleza se rejuvenece año tras año. Las cosas están echando raíces en el interior de la Tierra y quizás en tu interior.

El espíritu de la Luna llena de abril es como la lluvia, que nutre las nuevas iniciativas. Levanta las manos hacia la Luna como flores florecientes que recogen gotas de lluvia, y siente tus pies fuertemente arraigados a la tierra. Advierte la magia que fluye a través de ti, la misma magia que crea la lluvia y hace crecer las plantas. Siente cómo las semillas de tus objetivos y deseos se agitan y brotan en tu interior. Piensa en las formas en que las propagas y les das forma.

—Kate Freuler

---

12 Sábado
2.ª ♎
Color: gris

Comienza la Pascua judía
(al anochecer del día 11 de abril).
Venus directo.

☉ Domingo
3.ª ♎
Luna llena 01:22
♀ D 02:02
☽ v/c 11:01
☽ entra en ♏ 14:54
Color: amarillo

Domingo de Ramos.
Luna de Viento.

Horario de verano en España

Abril

14 Lunes
3.ª ♏
Color: plata

15 Martes
3.ª ♏
Color: granate

Comienza el mes arbóreo celta del sauce.

16 Miércoles
3.ª ♐
☽ v/c 03:24
☽ entra en ♐ 03:37
☿ entra en ♈ 07:25
Color: blanco

17 Jueves
3.ª ♐
Color: púrpura

18 Viernes
3.ª ♐
♂ entra en ♌ 05:21
☽ v/c 12:38
☽ entra en ♑ 15:12
Color: rosa

Viernes santo.
Viernes santo ortodoxo.

Horario de verano en España

[Full-page illustration]

19 Sábado
3.ª ♑
☉ entra en ♉ 20:56
Color: añil

El Sol entra en Tauro.

20 Domingo
3.ª ♑
☽ v/c 18:21
Color: ámbar

Pascua.
Pascua ortodoxa.
Finaliza la Pascua judía.

Horario de verano en España

Abril

☾ Lunes
4.ª ♒
☽ entra en ♒ 00:22
Cuarto menguante 02:36
Color: gris

El jaspe dálmata fomenta la lealtad y los lazos familiares.

22 Martes
4.ª ♒
☽ v/c 22:55
Color: negro

Día de la Tierra

23 Miércoles
4.ª ♒
☽ entra en ♓ 06:07
Color: amarillo

24 Jueves
4.ª ♓
Color: verde

25 Viernes
4.ª ♓
☽ v/c 03:57
☽ entra en ♈ 08:24
Color: blanco

El blanco ofrece claridad y consagración.

Horario de verano en España

Ensalada con huevo y aguacate

Esta vuelta de tuerca a la ensalada de huevo tradicional combina el huevo con la energía de prosperidad del beicon y la alegría del queso azul. Omite el beicon para obtener una versión vegetariana de esta receta. Disfrútala con pan de centeno o elige tu pan sin gluten favorito para sándwiches.

6 huevos duros
½ taza de mayonesa
1 cucharadita de mostaza marrón deli
Una pizca de sal, otra de pimienta negra
 y otra de cayena
¼ de cucharadita de perejil seco
¼ de cucharadita de eneldo seco
4 tiras de beicon, crujientes y desmenuzadas
1 aguacate grande, pelado y cortado en dados
½ taza de queso azul desmenuzado (opcional)

Trocea los huevos y ponlos en un cuenco mediano. Añade la mayonesa, la mostaza, la sal, la pimienta, la cayena, el perejil y el eneldo. Mezcla bien hasta que se integren todos los ingredientes. Agrega el bacon, el aguacate y el queso azul, incorporándolos con cuidado a la preparación de huevo. Refrigérala durante 1 hora o toda la noche. Utiliza esta ensalada en bocadillos, sobre galletas saladas o sola. Para unas 2 tazas.

—Dawn Aurora Hunt

26 Sábado

4.ª ♈
☽ v/c 17:18
Color: marrón

● Domingo

4.ª ♈
☽ entra en ♉ 08:17
Luna nueva 20:31
Color: amarillo

Horario de verano en España

Mayo 2025

L	M	X	J
			1 Beltane
5	6	7	8
○ Luna de las Flores	13	14	15
19	☾ El Sol entra en Géminis.	21	22
26	●	28	29
2	3	4	5

V	S	D	Notas
2	3	☾	
9	10	11	
16	17	18	
23	24	25	
30	31	1	
6	7	8	

Abril/mayo

28 Lunes
1.ª ♉
Color: marfil

Conecta con el espíritu del caballo
para obtener poder, libertad y gracia.

29 Martes
1.ª ♉
☽ v/c 06:18
☽ entra en ♊ 07:34
Color: rojo

El aliso ayuda a desterrar y a proteger.

30 Miércoles
1.ª ♊
♀ entra en ♈ 18:16
Color: marrón

1 Jueves
1.ª ♊
☽ v/c 04:49
☽ entra en ♋ 08:23
Color: carmesí

Beltane.
Primero de mayo.

2 Viernes
1.ª ♋
Color: rosa

Krasnaya Gorka

Krasnaya Gorka, cuya traducción aproximada es «colina roja», equivale vagamente a las celebraciones de Beltane de las islas británicas. En Rusia, se esconde entre las líneas del catolicismo sincretizado y, aunque está anclada en el calendario eclesiástico, la fiesta tiene su origen en prácticas paganas muy anteriores a la Iglesia. En este contexto, «colina roja» significa «colina hermosa», y se refiere al aspecto que adquiere la tierra fértil de las colinas cercanas cuando aparece el crecimiento primaveral.

El primer domingo después de Pascua, las parejas que desean un matrimonio fuerte se casan, creyendo que el poder inherente al día se transfiere a su unión. A los solteros que buscan parejas serias se les anima a que salgan durante Krasnaya Gorka y que participen en las celebraciones locales para que encuentren un futuro cónyuge, o, como mínimo, para que disfruten de suerte en el amor. El día se honra vistiendo trajes tradicionales y participando en bailes públicos, banquetes y canciones. Las hogueras son habituales, así como comer huevos revueltos para fomentar la fertilidad y la buena suerte.

—Diana Rajchel

---

3 Sábado
1.ª ♋
☽ v/c 09:02
☽ entra en ♌ 12:29
Color: negro

Quemar incienso de helecho en el exterior atrae la lluvia.

☽ Domingo
1.ª ♌
Cuarto creciente 14:52
☿ ℞ 16:27
Color: oro

Día de la Madre

Horario de verano en España

Mayo

5 Lunes
2.ª ♌
☽ v/c 14:03
☽ entra en ♍ 20:40
Color: lavanda

Día del cuarto Beltane (el Sol alcanza los 15° de Tauro).

6 Martes
2.ª ♍
Color: escarlata

7 Miércoles
2.ª ♍
Color: amarillo

8 Jueves
2.ª ♍
☽ v/c 05:11
☽ entra en ♎ 08:06
Color: blanco

Un amuleto de grano de mostaza promueve la fe y el éxito.

9 Viernes
2.ª ♎
Color: rosado

10 Sábado

2.ª ♎︎
☽ v/c 07:17
☿ entra en ♉︎ 13:15
☽ entra en ♏︎ 20:58
Color: azul

El gorrión es un superviviente
que se esconde a plena vista.

11 Domingo
2.ª ♏︎
Color: ámbar

Horario de verano en España

Mayo

○ Lunes
2.ª ♏
Luna llena 17:56
Color: gris

Luna de las Flores

13 Martes
3.ª ♏
☽ v/c 07:37
☽ entra en ♐ 09:35
Color: granate

Comienza el mes arbóreo celta del espino.

14 Miércoles
3.ª ♐
Color: topacio

15 Jueves
3.ª ♐
☽ v/c 19:29
☽ entra en ♑ 20:58
Color: verde

*Para desterrar la energía negativa,
utiliza obsidiana copo de nieve.*

16 Viernes
3.ª ♑
Color: púrpura

La madreselva ofrece paz y bienestar.

Horario de verano en España

Luna llena de mayo

La Luna llena de mayo ilumina la tierra fértil que proporciona la vida. La Tierra posee el equilibrio alquímico perfecto de nutrientes, insectos, descomposición y minerales necesarios para sustentar las plantas que nos alimentan y los bosques que nos proporcionan oxígeno.

Cuando se da prioridad al suelo y se cuida, éste contiene el poder de la creación, pero cuando el suelo se descuida o contamina, no puede producir el crecimiento que el planeta necesita para prosperar. Cuando una planta tiene dificultades en un jardín, ajustamos la tierra que la rodea.

Durante la Luna llena de mayo, plantéate si estás creando una base sana desde la que pueda crecer tu futuro. ¿Estás cultivando tu mente con cuidado? ¿Tratas a tu cuerpo con amor? Si no es así, contempla algunas maneras de ajustar la forma en que te cuidas para crear un terreno más fértil en el que crecer. Una tierra bien cuidada crea plantas felices, y un yo bien cuidado manifiesta salud y alegría.

—Kate Freuler

17 Sábado

3.ª ♑
Color: añil

18 Domingo

3.ª ♑
☽ v/c 05:27
☽ entra en ♒ 06:29
Color: naranja

Horario de verano en España

Mayo

19 Lunes
3.ª ♒
Color: blanco

☾ Martes
3.ª ♒
☾ v/c 12:59
Cuarto menguante 12:59
☾ entra en ♓ 13:28
☉ entra en ♊ 19:55
Color: gris

El Sol entra en Géminis.

21 Miércoles
4.ª ♓
Color: marrón

22 Jueves
4.ª ♓
☾ v/c 17:06
☾ entra en ♈ 17:26
Color: carmesí

23 Viernes
4.ª ♈
Color: coral

La lana de alpaca se relaciona con el aire, especialmente con las montañas.
Es muy suave y se presenta en tonos naturales de marrón.

Hummus romántico de verduras asadas

1 pimiento rojo cortado en tiras
1 cebolla roja cortada en dados
1 taza de berenjena pelada y cortada
2 cucharadas de aceite de oliva
1 cucharadita de romero seco
Sal y pimienta al gusto
1 bote de 900 g de garbanzos escurridos, reservar el líquido
3 dientes de ajo pelados
Zumo de ½ limón
2 cucharadas de pasta de tahíni
2 cucharadas de hojas de perejil fresco

Calienta el horno a 200 °C. Extiende los pimientos, las cebollas y las berenjenas en una bandeja de horno y rocíalos con 2 cucharadas de aceite de oliva. Espolvorea con romero, sal y pimienta. Asa durante 30 minutos, o hasta que los bordes de las cebollas estén dorados. Retíralo y déjalo enfriar completamente. A continuación, vierte ½ taza del líquido de garbanzos reservado en una batidora o robot de cocina. Incorpora los garbanzos, el ajo, las verduras asadas, el zumo de limón, el tahíni, el perejil, la sal y la pimienta. Tritura a velocidad media hasta obtener una textura suave. Si la preparación está demasiado espesa, añade más líquido de garbanzos. Disfruta de esta salsa con patatas fritas, galletas saladas o palitos de zanahoria. Se obtienen unas 2 ½ tazas. Acurrúcate en una manta de pícnic este mes y comparte este hummus de verduras asadas con tu pareja o amigos.

—Dawn Aurora Hunt

24 Sábado

4.ª ♈
☽ v/c 12:44
☽ entra en ♉ 18:38
Color: gris

El lentisco aumenta los poderes de otros ingredientes del incienso.

25 Domingo

4.ª ♉
♄ entra en ♈ 04:35
Color: amarillo

Horario de verano en España

Junio 2025

L	M	X	J
2	☽	4	5
9	10	○	12
		Luna del Sol Fuerte	
16	17	☾	19
23	24	●	26
30	1	2	3

V	S	D	**Notas**
		1	....
6	7	8	....
13	14	15	....
20 Litha/solsticio de verano. El Sol entra en Cáncer.	21	22	....
27	28	29	....
4	5	6	....

Mayo/junio

26 Lunes
4.ª ♉
☿ entra en ♊ 01:59
☽ v/c 14:52
☽ entra en ♊ 18:21
Color: plata

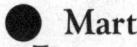 Martes
1.ª ♊
Luna nueva 04:02
Color: rojo

El burdeos es el color del éxito frente al peligro.

28 Miércoles
1.ª ♊
☽ v/c 14:01
☽ entra en ♋ 18:33
Color: blanco

29 Jueves
1.ª ♋
Color: verde

30 Viernes
1.ª ♋
☽ v/c 17:50
☽ entra en ♌ 21:17
Color: rosado

Horario de verano en España

Sigilo de cambio de perspectiva

Este sigilo está diseñado para ayudar a cambiar puntos de vista, patrones y hábitos que son cerrados de mente, dañinos o debilitantes. A veces ese cambio debe producirse dentro de nosotros mismos, pero también puede ser para grupos y comunidades, tanto en persona como en línea. Este sigilo ayuda a abrir la comunicación y a promover la acción positiva.

En este sigilo se han incluido los siguientes elementos: un cambio hacia un pensamiento más positivo, una mayor aceptación y empatía hacia los demás, la voluntad de ampliar la comprensión y la conexión, la amabilidad, la capacidad de romper con espirales de pensamiento negativas o malsanas, y una mayor conciencia de la energía (tanto propia como ajena).

Se trata de un sigilo muy social. Funciona mejor dondequiera que la gente se reúna o intercambie ideas (en persona o en línea), sobre todo donde exista comunicación. Utilízalo con incienso o colócalo en el envase pulverizador de un ambientador de infusión. Úsalo como salvapantallas en tus dispositivos o inclúyelo en imágenes compartidas. Si necesitas provocar un cambio en tu interior, puedes aplicarlo a tu propio cuerpo.

—Laura Tempest Zakroff

31 Sábado
1.ª ♌
Color: azul

«La magia es un método para hablar al universo con palabras que éste no puede ignorar». –Neil Gaiman

1 Domingo
1.ª ♌
Color: oro

Comienza Shavuot (al anochecer del día 31 de mayo).

Junio

2 Lunes
1.ª ♍
☽ v/c 00:38
☽ entra en ♍ 04:00
Color: marfil

Las lilas que se plantan alrededor de la casa ahuyentan el mal.

☽ Martes
2.ª ♍
Cuarto creciente 04:41
Color: blanco

4 Miércoles
2.ª ♍
☽ v/c 12:11
☽ entra en ♎ 14:38
Color: amarillo

5 Jueves
2.ª ♎
Color: púrpura

La rana se asocia con el renacimiento y la adaptabilidad.

6 Viernes
2.ª ♎
♀ entra en ♉ 05:43
Color: rosa

7 Sábado

2.ª ♏
☽ v/c 02:04
☽ entra en ♏ 03:23
Color: negro

8 Domingo

2.ª ♏
☿ entra en ♋ 23:58
Color: amarillo

La corteza de yohimbe estimula la lujuria y la fertilidad.

Horario de verano en España

Junio

9 Lunes
2.ª ♏
☽ v/c 13:06
☽ entra en ♐ 15:56
♃ entra en ♋ 22:02
Color: lavanda

10 Martes
2.ª ♐
Color: granate

Comienza el mes arbóreo celta del roble.

○ Miércoles
2.ª ♐
Luna llena 08:44
☽ v/c 20:58
Color: marrón

Luna del Sol fuerte

12 Jueves
3.ª ♑
☽ entra en ♑ 02:55
Color: turquesa

13 Viernes
3.ª ♑
Color: coral

El espíritu del topo representa el inframundo y los tesoros ocultos.

Luna llena de junio

En la noche oscura y cálida, la Luna llena de junio vigila a las flores dormidas mientras descansan preparándose para un día de exhibición. Con los meses soleados en pleno apogeo, numerosas flores alegres vuelven sus rostros coloridos hacia el cielo, con el deseo de mostrar al mundo su singularidad.

La Luna llena de junio es un momento de autoexpresión, así que abre bien tu espíritu. Muestra tu maravillosa individualidad y enviarás una señal que atraerá la energía alineadora, igual que las flores atraen a las abejas. Muchas flores albergan cosas poderosas en su interior: semillas para el crecimiento futuro, polen para la fertilización y aromas maravillosos. Algunas son impresionantes a la vista, pero se protegen con veneno o espinas.

Tú estás dotada de la misma diversidad. Pide a la Luna llena que te muestre las partes poderosas de ti misma que quizá aún no se hayan manifestado. Puede que te sorprenda lo que descubras a medida que cada parte de ti se revele como los pétalos de una flor que se despliegan.

—Kate Freuler

---

14 Sábado

3.ª ♑
☽ v/c 09:52
☽ entra en ♒ 12:00
Color: azul

---

15 Domingo

3.ª ♒
Color: ámbar

Horario de verano en España

Junio

16 Lunes
3.ª ♒
☽ v/c 18:31
☽ entra en ♓ 19:09
Color: plata

En Lituania, Gabija es la diosa del fuego y del hogar.

17 Martes
3.ª ♓
♂ entra en ♍ 09:35
Color: escarlata

☾ Miércoles
3.ª ♓
Cuarto menguante 20:19
☽ v/c 22:34
Color: topacio

19 Jueves
4.ª ♈
☽ entra en ♈ 00:08
Color: carmesí

Día del Padre

20 Viernes
4.ª ♈
Color: blanco

Litha / solsticio de verano.
El Sol entra en Cáncer.

Horario de verano en España

Boże Ciało

Boże Ciało, también llamado Corpus Christi por la Iglesia católica, es una gran fiesta impregnada de tradiciones paganas cercana al solsticio de verano. Los miembros de la comunidad construyen cuatro altares al aire libre que representan los cuatro evangelios, los cuatro elementos o las cuatro caras de la Tierra. La gente sale de las iglesias y realiza una procesión alrededor de estos altares, creando con sus filas la forma de un círculo o un cuadrado para representar la perfección de la Tierra, la naturaleza y la divinidad. Los altares se decoran con follaje fresco y plantas recién cosechadas, para celebrar la abundancia del verano. Es un honor crear uno de estos altares, y, a menudo, la gente utiliza coronas, cintas, telas tradicionales y alfombras. Junto al altar se colocan ramitas de abedul porque, según el folclore, son medicinales. Algunos celebrantes toman las ramitas para atraer a su hogar la suerte y la protección contra las enfermedades durante el año. Al final de la celebración, alguien distribuye las guirnaldas y coronas entre los asistentes. Se cree que las coronas, constituidas de hierbas como el ajenjo, el tomillo y la manzanilla, alejan los rayos.

—Diana Rajchel

---

21 Sábado

4.ª ♉
☽ v/c 02:49
☽ entra en ♉ 02:53
☉ entra en ♋ 03:42
Color: añil

La fibra de sisal procede del agave y se relaciona con el fuego.
Es fuerte, duradera, elástica y resistente al agua salada.

---

22 Domingo

4.ª ♉
Color: naranja

Horario de verano en España

Junio

23 Lunes

4.ª ♊
☽ v/c 02:50
☽ entra en ♊ 03:57
☽ v/c 09:26
Color: gris

Las magnolias fomentan la claridad y la verdad.

24 Martes

4.ª ♊
Color: negro

● Miércoles
4.ª ♋
☽ entra en ♋ 04:44
Luna nueva 11:32
Color: marrón

26 Jueves

1.ª ♋
☿ entra en ♌ 20:09
Color: turquesa

Comienza el año nuevo islámico
(al anochecer del día 25 de junio).

27 Viernes
1.ª ♋
☽ v/c 06:16
☽ entra en ♌ 07:05
Color: rosado

*Purifica el espacio y destierra la negatividad
con incienso de palo santo.*

Horario de verano en España

Ensalada de girasol sonriente

2 tazas de lechuga fresca de hoja verde, lavada y cortada en trozos de 5 cm
2 tazas de melón cantalupo cortado en dados
½ taza de pimiento amarillo picado
1 taza de tomates amarillos cortados en rodajas
½ taza de aceite de oliva
¼ de taza de vinagre de vino tinto
3 fresas maduras (sin los pedúnculos)
¼ de taza de miel
1 cucharada de azúcar
1 cucharadita de semillas de mostaza molidas
Sal y pimienta al gusto
1 cucharadita de semillas de amapola
¼ de taza de semillas de girasol tostadas
25 g de jamón serrano cortado en tiras (opcional)

Mezcla en un cuenco grande la lechuga, el melón, los pimientos y los tomates. Para preparar el aliño, mezcla el aceite de oliva, el vinagre, las fresas, la miel, el azúcar, la mostaza, la sal y la pimienta en una batidora o robot de cocina. Tritura a velocidad media hasta que obtengas una textura suave. Vierte el aliño en un cuenco. Añade las semillas de amapola y remueve suavemente. Agrega el aliño a la ensalada al gusto y mézclala para que quede bien cubierta. Esparce las pipas de girasol tostadas y las tiras de jamón serrano. Sirve inmediatamente. Para 4-6 raciones.

—Dawn Aurora Hunt

28 Sábado
1.ª ♌
Color: gris

Para la serenidad y el alivio del estrés, lleva lepidolita.

29 Domingo
1.ª ♌
☽ v/c 12:03
☽ entra en ♍ 12:44
Color: oro

Horario de verano en España

Julio 2025

L	M	X	J
	1	☽	3
7	8	9	○
			Luna de Bendiciones
14	15	16	17
21	22	23	●
	El Sol entra en Leo.		
28	29	30	31
4	5	6	7

V	S	D	
4	5	6	**Notas**
11	12	13	
☾	19	20	
Mercurio retrógrado			
25	26	27	
1	2	3	
8	9	10	

Junio/julio

30 Lunes
1.ª ♍
Color: plata

1 Martes
1.ª ♍
☽ v/c 21:47
☽ entra en ♎ 22:16
Color: granate

☽ Miércoles
1.ª ♎
☽ v/c 20:30
Cuarto creciente 20:30
Color: blanco

*El espíritu del cardenal aporta
vitalidad y conciencia de la situación.*

3 Jueves
2.ª ♎
Color: verde

4 Viernes

2.ª ♎
☽ entra en ♏ 10:33
♀ entra en ♊ 16:31
♆ ℞ 22:34
Color: coral

Horario de verano en España

5 Sábado

2.ª ♏
Color: azul

Lleva hojas de fresa para que te den suerte.

6 Domingo

2.ª ♏
☽ v/c 23:04
☽ entra en ♐ 23:06
Color: ámbar

Julio

7 Lunes
2.ª ♐
♅ entra en ♊ 08:45
☽ v/c 22:29
Color: blanco

8 Martes
2.ª ♐
Color: rojo

Comienza el mes arbóreo celta del acebo.

9 Miércoles
2.ª ♐
☽ entra en ♑ 9:55
Color: amarillo

○ Jueves
2.ª ♑
☽ v/c 21:37
Luna llena 21:37
Color: turquesa

Luna de Bendiciones

11 Viernes
3.ª ♑
☽ entra en ♒ 18:21
Color: púrpura

El color melocotón ofrece una fuerza suave y un cuidado enriquecedor.

Horario de verano en España

Luna llena de julio

Los rayos de Luna de julio brillan sobre una pluma que cae mientras revolotea hacia la Tierra, girando y arremolinándose a través de la atmósfera. La calidez de julio nos inspira a ser libres y aventureros, como la pluma que flota en el viento, vagando donde nos lleven nuestros caprichos.

La Luna llena de julio es un momento para contemplar la aventura y la libertad. La pluma ha recorrido grandes distancias y ha recogido una amplia gama de energías. Puede que incluso haya viajado por el mundo entero. ¿Te llama el ansia de viajar? ¿Te sientes inspirada para encontrar a un viejo amigo, visitar un lugar nuevo o probar algo que te da miedo? Es difícil abandonar la seguridad de la rutina, pero la espontaneidad y la aventura están esperando; no tienes que ir muy lejos. Pregúntale a la Luna llena de julio lo que tus instintos intentan decirte. ¿En qué dirección debes ir? Sigue la ligereza de tu corazón como si persiguieras una pluma en el viento. Nunca sabes lo que encontrarás.

—Kate Freuler

---

12 Sábado
3.ª ≈
☽ v/c 20:45
Color: negro

---

13 Domingo
3.ª ≈
♄ ℞ 05:07
Color: amarillo

El incienso de orégano de Creta ayuda en la proyección astral y otras habilidades psíquicas.

Horario de verano en España

Julio

14 Lunes

3.ª ♓
☽ entra en ♓ 00:45
Color: marfil

Las secuoyas representan la iluminación y la eternidad.

15 Martes

3.ª ♓
☽ v/c 18:10
Color: gris

El incienso de Juan el Conquistador supera todos los obstáculos o problemas.

16 Miércoles

3.ª ♓
☽ entra en ♈ 05:32
Color: marrón

17 Jueves

3.ª ♈
Color: blanco

☾ Viernes
4.ª ♈
☽ v/c 01:38
Cuarto menguante 01:38
☿ ℞ 05:45
☽ entra en ♉ 08:59
Color: rosa

Mercurio retrógrado hasta el día 11 de agosto

Horario de verano en España

Sigilo contra el agotamiento

Este sigilo ayuda a tener una sensación de renovación cuando se afrontan tiempos y situaciones que resultan difíciles. Cuando te sientas agotada por las tareas necesarias que tienes entre manos o las de tu entorno, este sigilo ayuda a proporcionar alivio y descanso.

En este sigilo se han incluido los siguientes elementos: abundancia (en cuanto a la energía y los recursos necesarios), mantenimiento de un sentido del equilibrio según sea necesario; descanso, recarga y renovación; refuerzo de la buena salud; ser una luz piloto que inspira, purifica y vigoriza; proporcionar protección contra el estrés, permitir el enraizamiento, la conexión con la Tierra (de las ideas, de la mente y del cuerpo), centrarse en la comunidad, apoyo y comprensión.

Lo mejor suele ser aplicar ese sigilo al cuerpo de alguna manera segura. Puedes adornar tu cuerpo con él, lavarte con una pastilla de jabón con el sigilo grabado, o consumirlo incorporándolo a tu comida o bebida. También puedes dibujar el sigilo para relajarte, colocarlo en tu altar o ponerlo donde la gente necesite renovarse y refrescarse.

—Laura Tempest Zakroff

---

19 Sábado

4.ª ♉
Color: azul

El lino se relaciona con el aire. Tiene un color avena o tostado por naturaleza. Ligero y transpirable, es ideal para el verano.

---

20 Domingo

4.ª ♉
☽ v/c 07:43
☽ entra en ♊ 11:22
Color: oro

Julio

21 Lunes
4.ª ♊
☽ v/c 20:52
Color: lavanda

Nimba es la diosa madre de Baga.

22 Martes
4.ª ♊
☽ entra en ♋ 13:26
☉ entra en ♌ 14:29
Color: escarlata

El Sol entra en Leo.

23 Miércoles
4.ª ♋
Color: topacio

● Jueves
4.ª ♋
☽ v/c 01:42
☽ entra en ♌ 16:28
Luna nueva 20:11
Color: verde

25 Viernes
1.ª ♌
Color: rosado

El ojo de tigre inspira valor y gracia.

Horario de verano en España

Granizado veraniego relajante

El calor abrasador de julio pide un batido relajante. Las propiedades calmantes y refrescantes de la menta y la sandía hacen de ésta una bebida perfecta para las reuniones en el jardín o para tomar el Sol junto a la playa. Asegúrate de usar fruta congelada para esta receta, ya que es lo que produce el granizado. Congela la fruta durante toda la noche y sácala del congelador justo antes de usarla. Conviértelo en un capricho para adultos sustituyendo la mitad del agua fría por vodka o tequila.

1 taza de agua fría
Zumo de ½ lima
2 tazas de trozos de sandía congelada
2 tazas de fresas congeladas
1 cucharada de hojas de menta fresca picadas, y unas cuantas más para decorar

Pon todos los ingredientes en una batidora grande, empezando, primero, por los líquidos. Licúa a máxima potencia durante 1-2 minutos, o hasta que adquiera la consistencia de granizado deseada. Viértelo en vasos grandes y decora con hojas de menta. Disfrútalo inmediatamente. Para 2 granizados de 500 ml.

—Dawn Aurora Hunt

---

26 Sábado

1.ª ♌
☽ v/c 12:02
☽ entra en ♍ 21:55
Color: añil

El índigo ayuda a la meditación y a la conciencia psíquica.

27 Domingo

1.ª ♍
Color: ámbar

Agosto 2025

L	M	X	J
4	5	6	7
11	12	13	14
18 Mercurio directo	19	20	21
25	26	27	28
1	2	3	4

V	S	D	
☽	2	3	**Notas**
Lammas/Lughnasadh			
8	○	10	
	Luna de Maíz		
15	☾	17	
22	●	24	
El Sol entra en Virgo.			
29	30	☽	
5	6	7	

Julio/agosto

28 Lunes
1.ª ♍
Color: plata

Para limpiar y purificar, utiliza menta piperita.

29 Martes
1.ª ♍
☽ v/c 01:57
☽ entra en ♎ 06:43
Color: blanco

30 Miércoles
1.ª ♎
☽ v/c 04:59
♅ ℞ 15:42
Color: amarillo

Para la crianza y los lazos familiares, recurre al espíritu del ganso.

31 Jueves
1.ª ♎
♀ entra en ♋ 04:57
☽ entra en ♏ 18:25
Color: púrpura

☽ Viernes
1.ª ♏
Cuarto creciente 13:41
Color: rosa

Lammas/Lughnasadh

Día del pan

Aunque los europeos orientales no tenían un equivalente directo de Lughnasadh, concedían gran importancia a la sacralidad del pan.

En las culturas eslavas, el pan era sagrado y básico en muchas fiestas. Tirar el pan duro se consideraba mala suerte, y ofrecer pan y sal a los visitantes era el colmo de la hospitalidad. Cuando una familia tenía un nuevo bebé, los parientes y aldeanos les obsequiaban con pan. Para quienes practicaban la veneración a los antepasados, el pan constituía una ofrenda muy respetuosa a los difuntos. En algunas regiones, la gente llegaba a hornear pan con forma de animalitos con la intención de atraer la buena suerte.

El acto mismo de hornear pan se consideraba sagrado y mágico, y a menudo implicaba reunirse con los miembros de la familia, para decorar y dar forma al pan para las distintas fiestas y tradiciones. Muchos panes eslavos tienen forma de corona, son trenzados o tienen un corte en la corteza. La primera hogaza que salía del horno debía partirse sólo con las manos porque daba mala suerte utilizar un cuchillo. ¡El cuchillo podía cortar la buena suerte de la familia!

—Diana Rajchel

2 Sábado

2.ª ♏
Color: gris

Los dientes de león son buenos para la adivinación.

3 Domingo

2.ª ♏
☽ v/c 02:07
☽ entra en ♐ 07:00
Color: amarillo

Agosto

4 Lunes
2.ª ♐
Color: gris

5 Martes
2.ª ♐
☽ v/c 16:29
☽ entra en ♑ 18:04
Color: rojo

Comienza el mes arbóreo celta del avellano.

6 Miércoles
2.ª ♑
☽ v/c 18:40
Color: marrón

El algodón se relaciona con la tierra y el aire.
Es naturalmente blanco, transpirable y bueno para el verano.

7 Jueves
2.ª ♑
♂ entra en ♎ 00:23
Color: turquesa

Lammas, día intermedio
(el Sol alcanza los 15° de Leo).

8 Viernes
2.ª ♒
☽ entra en ♒ 02:18
Color: coral

Luna llena de agosto

Cuando la Luna llena de agosto se proyecta sobre los lagos, bahías y mares, crea destellos de una luz centelleante e hipnotizadora. Bajo la superficie, el agua es oscura y misteriosa como el cielo nocturno, lleno de criaturas, plantas y ciclos de vida que raramente vemos. En las profundidades hay corrientes, fuerzas poderosas que van y vienen. Una corriente puede llevarte adonde desees o arrastrarte hacia el fondo.

Estas corrientes son predecibles y, por tanto, se pueden captar y utilizar en tu beneficio. Cuando descubres cómo manejar las corrientes de forma adecuada, pueden llevarte directamente a tu destino. Nuestros cuerpos están hechos en gran parte de agua, el mismo material que todos los lagos y mares. La Luna llena de agosto nos brinda la oportunidad de mirar bajo la superficie y sentir lo que ocurre. Hay corrientes de energía en tu interior que te conducen hacia unas cosas y te alejan de otras. ¿Puedes aprovechar una y ver adónde te lleva?

—Kate Freuler

○ Sábado

2.ª ♒
☽ v/c 08:55
Luna llena 08:55
Color: azul

Luna de Maíz

---

10 Domingo

3.ª ♒
☽ entra en ♓ 07:50
Color: naranja

Horario de verano en España

Agosto

11 Lunes

3.ª ♓
☽ v/c 07:55
☿ D 08:30
Color: marfil

Mercurio directo

12 Martes

3.ª ♓
☽ entra en ♈ 11:33
Color: escarlata

Los banianos representan la inmortalidad y la conexión divina.

13 Miércoles

3.ª ♈
☽ v/c 23:54
Color: blanco

La howlita disipa la ansiedad y el resentimiento.

14 Jueves

3.ª ♈
☽ entra en ♉ 14:22
Color: carmesí

15 Viernes

3.ª ♉
Color: rosado

Ensalada de maíz y poblano

Tanto si piensas tostar el maíz tú misma como si compras maíz tostado ya preparado (se encuentra en la sección de congelados de la mayoría de los supermercados), deja una ofrenda de maíz a la naturaleza en algún lugar al aire libre antes de empezar a preparar esta receta. Acompáñala de una intención de gratitud por el ciclo de crecimiento y abundancia del *sabbat*.

2 tazas de granos de maíz tostados
1 chile poblano asado, cortado en trozos de 0,5 cm
2 tomatillos grandes, picados
2 latas de alubias pintas, escurridas
2 cucharadas de cilantro fresco picado (o perejil de hoja plana)
Zumo de 1 lima
Sal y pimienta al gusto
Queso cotija desmenuzado (opcional)

Mezcla bien todos los ingredientes en un cuenco grande. Deja enfriar al menos 1 hora o toda la noche. Sírvela sobre el pollo, en tacos o con unas ricas chips de maíz. Para unas 6 tazas.

—Dawn Aurora Hunt

☽ Sábado
3.ª ♉
☽ v/c 06:12
Cuarto menguante 06:12
☽ entra en ♊ 17:01
Color: marrón

*La bistorta y el incienso son
una buena mezcla para la adivinación.*

17 Domingo
4.ª ♊
Color: oro

Horario de verano en España

Agosto

18 Lunes
4.ª ♊
☽ v/c 12:53
☽ entra en ♋ 20:05
Color: blanco

Utiliza centeno para la fidelidad y el autocontrol.

19 Martes
4.ª ♋
Color: negro

20 Miércoles
4.ª ♋
☽ v/c 13:27
Color: amarillo

El lince es un protector y un guardián de secretos.

21 Jueves
4.ª ♌
☽ entra en ♌ 00:17
☽ v/c 19:13
Color: verde

El verde lima trae nuevos comienzos y curación.

22 Viernes
4.ª ♌
☉ entra en ♍ 21:34
Color: púrpura

El Sol entra en Virgo.

Horario de verano en España

● Sábado
4.ª ♌
☽ entra en ♍ 06:24
Luna nueva 07:07
Color: añil

24 Domingo
1.ª ♍
Color: amarillo

Agosto

25 Lunes
1.ª ♍
☽ v/c 14:53
☽ entra en ♎ 15:08
♀ entra en ♌ 17:27
Color: plata

26 Martes
1.ª ♎
Color: granate

El nomeolvides se corresponde con la organización y la memoria.

27 Miércoles
1.ª ♎
☽ v/c 03:06
Color: marrón

28 Jueves
1.ª ♏
☽ entra en ♏ 02:27
Color: turquesa

«*La magia encontrará a los de corazón puro, incluso cuando todo parezca perdido*». —Morgan Rhodes

29 Viernes
1.ª ♏
Color: coral

Sigilo para la gestión del tiempo

Este sigilo es ideal si quieres centrarte en tus proyectos; encontrar un equilibrio saludable entre el trabajo, el juego y el descanso; elaborar un horario funcional; cumplir un plazo; o si necesitas ayuda para dirigir tu concentración y atención. Puede que no podamos detener o acelerar el tiempo con magia, ¡pero, sin duda, podemos ayudarnos a utilizarlo mejor!

En este sigilo se han tenido en cuenta los siguientes elementos: la motivación, el mantenimiento de la concentración, el deseo de orientarse hacia un objetivo, la habilitación de expectativas y mentalidad realistas, la adopción de un enfoque saludable y de buenos hábitos para gestionar el tiempo, y fomentar el sentido del equilibrio.

Se trata de un sigilo estupendo para vigilar tu espacio de trabajo, ya sea tu oficina, tu casa o tu espacio de juego; básicamente dondequiera que necesites realizar un trabajo o gestionar mejor tu tiempo para ocuparte de las cosas que tienes que hacer. Aplícalo a una vela que enciendas mientras trabajas en un proyecto. Considera la posibilidad de trazar el sigilo como parte de una meditación matutina antes de empezar oficialmente tu día.

—Laura Tempest Zakroff

30 Sábado

1.ª ♏
☽ v/c 01:47
☽ entra en ♐ 15:04
Color: azul

El avestruz es observador y tiene los pies en la Tierra.

☽ Domingo

1.ª ♐
Cuarto creciente 07:25
Color: naranja

La pirita aporta lógica y vitalidad.

Septiembre 2025

L	M	X	J
1	2	3	4
8	9	10	11
15	16	17	18
22 Mabon/equinoccio de otoño. El Sol entra en Libra.	23	24	25
☽	30	1	2
6	7	8	9

V	S	D	**Notas**
5	6	○ Luna de Cosecha. Eclipse lunar.	....
12	13	☾	....
19	20	● Eclipse solar	....
26	27	28	....
3	4	5	....
10	11	12	....

Septiembre

1 Lunes
2.ª ♐
♄ entra en ♓ 09:07
Color: marfil

2 Martes
2.ª ♑
☽ v/c 02:39
☽ entra en ♑ 02:45
☿ entra en ♍ 14:23
Color: rojo

Comienza el mes arbóreo celta de la vid.

3 Miércoles
2.ª ♑
Color: topacio

4 Jueves
2.ª ♑
☽ v/c 11:08
☽ entra en ♒ 11:32
Color: verde

5 Viernes
2.ª ♒
☽ v/c 21:51
Color: rosado

El enebro es purificador y curativo.

Luna llena de septiembre

La Luna de septiembre proyecta una luz fresca sobre la tierra cambiante. Esta Luna llena te insta a reflexionar sobre la bendición de los finales. Los árboles trabajan todo el verano para aportar oxígeno, frutos y sombra, pero en los climas más fríos están ahora al final de su ciclo. Una hoja completa su vida en un resplandor naranja y rojo de gloria, tras haber cumplido su propósito. Esto nos recuerda que no todos los finales son negativos. De hecho, a menudo son un momento para alegrarse y sentir gratitud. La Luna llena de septiembre ilumina todo lo que has ganado y lo celebra. Los brillantes colores del otoño son bellos recordatorios de nuestras victorias en lo que va de año, aunque sean pequeñas. La hoja es una entre muchas, pero eso no reduce su importancia individual.

Durante la Luna llena de septiembre, contempla tus logros, grandes y pequeños, y cómo te han cambiado. ¿Qué cosas están llegando a su fin en tu vida que puedan ser aplaudidas? Incluso cuando experimentas un final no deseado, puede haber alguna pequeña victoria resplandeciente en él.

—Kate Freuler

6 Sábado

2.ª ♒
♅ ℞ 05:51
☽ entra en ♓ 16:54
Color: gris

○ Domingo

2.ª ♓
Luna llena 19:09
Color: oro

Luna de Cosecha.
Eclipse lunar a 15° ♓ 23'

Horario de verano en España

Septiembre

8 Lunes
3.ª ♓
☽ v/c 18:44
☽ entra en ♈ 19:37
Color: lavanda

> La seda se relaciona con el aire, el agua y la morera.
> Es blanca o tostada por naturaleza y muy suave. Aísla de la magia.

9 Martes
3.ª ♈
Color: escarlata

10 Miércoles
3.ª ♈
☽ v/c 07:54
☽ entra en ♉ 21:03
Color: marrón

11 Jueves
3.ª ♉
Color: carmesí

> Icovellauna era venerada en un templo construido sobre un
> manantial natural; se cree que era una diosa celta del agua.

12 Viernes
3.ª ♉
☽ v/c 21:14
☽ entra en ♊ 22:38
Color: blanco

Pan de calabacín especiado

Los jardines rebosan de esta calabaza de finales de verano, que contiene la energía de la tenacidad y la fortaleza.

3 huevos
¾ de taza de aceite vegetal
1 taza de azúcar
¾ de taza de azúcar moreno envasado
2 tazas de calabacín rallado
2 cucharaditas de extracto de vainilla
2 tazas de harina (o harina sin gluten)
1 taza de cacao en polvo
1 ½ cucharadita de levadura en polvo
1 cucharadita de bicarbonato sódico
1 cucharadita de sal y otra de canela
1 cucharadita de nuez moscada
1 cucharadita de jengibre molido

Precalienta el horno a 160°C. En un cuenco grande, bate los huevos con una batidora eléctrica a velocidad media. Mezcla a velocidad baja y luego añade el aceite, los azúcares, el calabacín y la vainilla. Cuando estén bien incorporados, agrega la harina, el cacao, la levadura, el bicarbonato, la sal y las especias. Vierte la preparación en un molde para pan de 23 x 13 cm bien engrasado y hornea durante una 1 hora aproximadamente. Déjalo enfriar antes de sacarlo del molde.
—Dawn Aurora Hunt

13 Sábado
3.ª ♊
Color: añil

☾ Domingo
3.ª ♊
Cuarto menguante 11:33
☽ v/c 23:46
Color: ámbar

El cáñamo se relaciona con el fuego y el espíritu.
Es suave, acolchado y duradero.

Septiembre

15 Lunes
4.ª ♋
☽ entra en ♋ 01:30
Color: plata

La plata aporta energías lunares y femeninas.

16 Martes
4.ª ♋
Color: gris

17 Miércoles
4.ª ♋
☽ v/c 04:14
☽ entra en ♌ 06:20
Color: blanco

Los cerezos representan el amor y la dulzura.

18 Jueves
4.ª ♌
☿ entra en ♎ 11:06
Color: púrpura

El incienso de lavanda aporta relajación y sueño.

19 Viernes
4.ª ♌
☽ v/c 13:21
☽ entra en ♍ 13:23
♀ entra en ♍ 13:39
Color: rosa

20 Sábado
4.ª ♍
Color: negro

● Domingo
4.ª ♍
☽ v/c 20:54
Luna nueva 20:54
☽ entra en ♎ 22:41
Color: amarillo

Día Internacional de la Paz.
Eclipse solar a 29° ♍ 05'

Septiembre

22 Lunes
1.ª ♎︎
♂ entra en ♏︎ 08:54
☉ entra en ♎︎ 19:19
Color: blanco

> Mabon/equinoccio de otoño.
> Comienza Rosh Hashanah
> (al anochecer del día 21 de septiembre).

23 Martes
1.ª ♎︎
☽ v/c 17:02
Color: granate

> *El martín pescador se asocia a la precisión penetrante.*

24 Miércoles
1.ª ♎︎
☽ entra en ♏︎ 10:00
Color: marrón

25 Jueves
1.ª ♏︎
Color: turquesa

> *Los girasoles representan la energía solar y la masculinidad.*

26 Viernes
1.ª ♏︎
☽ v/c 18:44
☽ entra en ♐︎ 22:37
Color: rosado

Hogar de la cosecha

Gran parte de la cultura tradicional eslava giraba en torno a los ciclos de la agricultura, especialmente el cultivo, la siembra y, por último, la cosecha. El Dożynki, que se traduce como «hogar de la cosecha», se celebra entre mediados de agosto y el equinoccio de otoño. La celebración comienza cortando de forma ceremonial la última gavilla de grano. A menudo se seleccionaba para este ritual una gavilla de grano visible en el camino al principio de la cosecha y se adornaba con flores y hojas.

En las tradiciones más antiguas, al propietario de una granja se le regalaba una corona de centeno y trigo, decorada con flores, cintas y avellanas. Por lo general, alguien entregaba la corona a una joven, que se ocupaba de la cosecha en reconocimiento a su excelente trabajo. A continuación, ella dirigía una procesión por los campos hasta la casa principal del campo, donde entregaba la corona al terrateniente y, en algunos casos, éste le hacía algún regalo de agradecimiento. A continuación se celebraban bailes y banquetes.

—Diana Rajchel

27 Sábado
1.ª ♐
Color: azul

Una bolsita de uva ursi aumenta la intuición y los poderes psíquicos.

28 Domingo
1.ª ♐
Color: oro

Octubre 2025

L	M	X	J
		1	2
6	○	8	9
	Luna de Sangre		
☾	14	15	16
20	●	22	23
		El Sol entra en Escorpio.	
27	28	☽	30
3	4	5	6

V	S	D	Notas
3	4	5	
10	11	12	
17	18	19	
24	25	26 A las 03:00 finaliza el horario de verano en España.	
31 Samhain/Halloween	1	2	
7	8	9	

Septiembre/octubre

☽ Lunes
1.ª ♐
☽ v/c 06:44
☽ entra en ♑ 10:55
Color: gris

30 Martes
2.ª ♑
Cuarto creciente 00:54
Color: rojo

Comienza el mes arbóreo celta de la hiedra.

1 Miércoles
2.ª ♑
☽ v/c 16:33
☽ entra en ♒ 20:52
Color: amarillo

Comienza Yom Kippur (al anochecer del día 30 de septiembre).

2 Jueves
2.ª ♒
Color: blanco

3 Viernes
2.ª ♒
☽ v/c 19:15
Color: coral

El incienso de centella asiática ayuda a meditar.

Sopa de calabaza al curry

2 cucharadas de aceite de oliva
1 cebolla picada
3 dientes de ajo picados
1 cucharada de jengibre fresco rallado
1 cucharadita de cúrcuma
2 cucharadas de pasta de curry rojo tailandés
1 lata (425 g) de puré de calabaza
2 tazas de caldo de pollo o verduras
Una pizca de sal y pimienta
1 lata (400 g) de leche de coco entera sin azúcar
Cilantro o perejil fresco picado para decorar

Calienta el aceite a fuego medio en una olla grande. Añade la cebolla, el ajo y el jengibre, y sofríelos unos 5 minutos hasta que la cebolla esté transparente. Agrega la cúrcuma y la pasta de curry y cocina 3 minutos más. Incorpora la calabaza, luego el caldo y remueve hasta que se mezclen. Salpimienta al gusto. Deja que hierva ligeramente. Baja el fuego y cuece a fuego lento otros 30 minutos. Vierte la leche de coco y retira del fuego, utilizando una batidora de mano para hacer un puré sin grumos (o trabaja por tandas en una batidora de vaso tradicional, poniendo la sopa en la olla caliente después de hacer el puré, con cuidado de no quemarte). Sírvela inmediatamente con cilantro como guarnición. Para de 4 a 6 raciones.

—Dawn Aurora Hunt

---

4 Sábado

2.ª ♓
☽ entra en ♓ 03:07
Color: marrón

La lana de cabra se relaciona con el aire y el fuego, sobre todo con las montañas.
Al igual que la lana de oveja, se presenta en múltiples colores naturales.

---

5 Domingo

2.ª ♓
Color: naranja

Octubre

6 Lunes
2.ª ♓
☽ v/c 01:30
☽ entra en ♈ 05:48
☿ entra en ♏ 17:41
Color: blanco

Comienza Sukkot (al anochecer del día 5 de octubre).

○ Martes

3.ª ♈
Luna llena 04:48
☽ v/c 19:24
Color: negro

Luna de Sangre

8 Miércoles

3.ª ♈
☽ entra en ♉ 06:12
Color: topacio

9 Jueves

3.ª ♉
Color: verde

Utiliza aventurina verde para fomentar la creatividad y la satisfacción.

10 Viernes

3.ª ♉
☽ v/c 01:31
☽ entra en ♊ 06:12
Color: púrpura

En Lituania, Ganiklis es el dios del ganado.

Luna llena de octubre

La Luna llena de octubre es intransigente al revelar la estación moribunda. A medida que los meses fríos se asientan en el hemisferio norte, es una época de duro realismo. Los animales y las plantas se preparan para protegerse durante los próximos meses eligiendo sin piedad lo que realmente importa para la supervivencia. Una piedra, al ser sólida, pesada y casi inmutable, representa nuestros valores fundamentales y las cosas de nuestro interior que no son negociables. Cuando necesitamos despojarnos de todo lo demás, estas piedras son nuestras verdades internas. Pueden enseñarnos a ser fuertes o frenarnos.

Algunas están con nosotros desde que nacemos, mientras que recogemos otras por el camino. ¿Qué piedras lleva tu espíritu? ¿Alguna te ha sido transmitida por generaciones anteriores? Piensa si todas las piedras que llevas son necesarias. Quizás algunas ni siquiera sean tuyas. ¿Cuáles conservarás y cuáles deberías dejar? Si canalizas la luz deslumbrante y honesta de la Luna de octubre, puede ayudarte a hacer inventario de lo que carga tu espíritu, quedándote con lo que te sirve y desechando lo que no.

—Kate Freuler

11 Sábado

3.ª ♊
Color: añil

12 Domingo

3.ª ♊
☾ v/c 03:56
☾ entra en ♋ 07:37
Color: amarillo

El olmo es bueno para la compasión y la sabiduría.

Octubre

☾ Lunes
3.ª ♋
Cuarto menguante 19:13
♀ entra en ♎ 22:19
Color: plata

Finaliza Sukkot

14 Martes
4.ª ♋
♀ D 03:54
☽ v/c 06:05
☽ entra en ♌ 11:47
Color: rojo

El pelo de conejo de angora se relaciona con el aire y la tierra.
Suele ser blanco y muy esponjoso, y a menudo se mezcla con seda.

15 Miércoles
4.ª ♌
Color: marrón

16 Jueves
4.ª ♌
☽ v/c 06:06
☽ entra en ♍ 19:06
Color: turquesa

La turquesa proporciona tranquilidad y perdón.

17 Viernes
4.ª ♍
Color: rosado

18 Sábado
4.ª ♍
☽ v/c 22:10
Color: azul

19 Domingo
4.ª ♍
☽ entra en ♎ 05:01
Color: ámbar

Octubre

20 Lunes
4.ª ♎
Color: lavanda

La higuera aporta fertilidad y prosperidad.

Martes
4.ª ♎
☽ v/c 13:25
Luna nueva 13:25
☽ entra en ♏ 16:42
Color: escarlata

22 Miércoles
1.ª ♏
♆ entra en ♓ 10:48
Color: blanco

El Sol entra en Escorpio.

23 Jueves
1.ª ♏
☉ entra en ♏ 04:51
Color: carmesí

Las fibras sintéticas son artificiales y varían en sus características. Aunque no son ideales para la magia natural, son las mejores para la tecnomagia.

24 Viernes
1.ª ♏
☽ v/c 05:14
☽ entra en ♐ 05:19
Color: rosa

Sigilo de conexión ancestral

Este sigilo está diseñado para ayudarte a establecer contacto y comunicación con los difuntos. Se elaboró especialmente con el objetivo de traer al futuro la sabiduría de nuestros antepasados colectivos.

Este sigilo contiene los siguientes elementos: conexión, lectura a través del velo de forma segura (según la percepción y comprensión del velo por parte del usuario), extracción de sabiduría y fuerza de los ancestros para llevarlas al futuro, ayuda al crecimiento personal, construcción del crecimiento de la comunidad, aportación de visión y claridad, curación y comprensión, y liberación de la perpetuación de ciclos dañinos.

Añade el sigilo a tu altar ancestral (si tienes uno durante todo el año) o colócalo en tu altar habitual durante la época de Halloween/Samhain. Utilízalo en meditación y rituales como foco visual o mental cuando honres a los difuntos, a los muertos amados y poderosos, y demás. También puedes aplicar el sigilo a una vela (blanca, negra, roja o plateada son buenas opciones) o colocarlo sobre o bajo un recipiente de incienso preparado para honrar a los muertos.

—Laura Tempest Zakroff

25 Sábado
1.ª ♐
Color: añil

A las brujas les encanta el ágata musgosa por su conexión con la tierra y las plantas.

26 Domingo
1.ª ♐
☽ v/c 18:42
☽ entra en ♑ 18:53
Color: naranja

A las 03:00 finaliza el horario de verano en España.

Hora legal en España

Noviembre 2025

L	M	X	J
3	4	○	6
		Luna de Duelo	
10	11	☾	13
17	18	19	●
24	25	26	27
1	2	3	4

V	S	D	Notas
	1	2	
7	8	9 Mercurio retrógrado	
14	15	16	
21	22 El Sol entra en Sagitario.	23	
☽	29 Mercurio directo	30	
5	6	7	

Octubre/noviembre

27 Lunes
1.ª ♑
Color: marfil

28 Martes
1.ª ♑
Color: blanco

Comienza el mes arbóreo celta del carrizo.

☽ Miércoles
1.ª ♒
☽ v/c 05:38
☽ entra en ♒ 05:55
☿ entra en ♐ 13:02
Cuarto creciente 18:21
Color: marrón

30 Jueves
2.ª ♒
Color: púrpura

El jaguar es una criatura del caos y la manifestación.

31 Viernes
2.ª ♒
☽ v/c 08:15
☽ entra en ♓ 13:46
Color: rosado

Samhain/Halloween

Hora legal en España

Dziady

Zaduszki, el equivalente polaco del Día de los Muertos, comenzó como una forma de apaciguar a los espíritus humanos difuntos en la época precristiana. El 31 de octubre es Dziady, un día de conversaciones ancestrales y para hablar con los fantasmas. Con la llegada del catolicismo, la fiesta se convirtió en el Día de Todos los Santos. Los espíritus que se agitaban y con los que se hablaba en Dziady eran conducidos a sus tumbas y al más allá el Día de Todos los Santos (1 de noviembre) o el Día de Todas las Almas (2 de noviembre). En estos días, la gente viaja para reunirse con sus familias y luego visita las tumbas de sus seres queridos, encendiendo una vela en la tumba y recitando oraciones. En algunas comunidades, la gente hornea pan para llevarlo a las tumbas y para distribuirlo entre el clero y los miembros de la comunidad necesitados de alimentos. A diferencia del secular Halloween, este día es de solemne recuerdo y un momento para que las familias se reúnan. Las tradiciones sobre la muerte teñían la antigua vida eslava: si alguien fallecía en una casa, todas las puertas y ventanas debían abrirse lo antes posible tras su fallecimiento para dejar libre al espíritu. Los dolientes daban la vuelta a los espejos o los cubrían con sábanas para evitar que el alma quedara atrapada. Los muertos tenían un viaje, y el trabajo de la familia consistía en asegurarse de que nadie se perdiera.

—Diana Rajchel

---

1 Sábado

2.ª ♓
Color: negro

Día de Todos los Santos

2 Domingo

2.ª ♓
☽ v/c 16:15
☽ entra en ♈ 16:39
Color: amarillo

Hora legal en España

Noviembre

3 Lunes
2.ª ♈
Color: plata

4 Martes
2.ª ♈
☽ v/c 12:21
♂ entra en ♐ 14:01
☽ entra en ♉ 17:16
Color: granate

○ Miércoles
2.ª ♉
Luna llena 14:19
Color: topacio

Luna de Duelo

6 Jueves
3.ª ♉
☽ v/c 15:51
☽ entra en ♊ 16:20
♀ entra en ♏ 23:39
Color: turquesa

Día intermedio de Samhain (el Sol alcanza los 15° de Escorpio).

7 Viernes
3.ª ♊
Color: coral

Hora legal en España

Luna llena de noviembre

La superficie de la Tierra crece ahora estéril en muchos lugares, pero debajo hay un mundo de sistemas de raíces prósperas, que llegan hasta las profundidades inexploradas del suelo. Con independencia de lo que ocurra en la superficie, las raíces nos anclan a nuestras creencias y valores más profundos. La Luna llena de noviembre nos ofrece la oportunidad de recordar a nuestros antepasados, que han contribuido a lo que somos. Tus predecesores y seres queridos que han fallecido crearon algunas de tus raíces, al igual que tus experiencias vitales y tus relaciones con los demás. Reflexiona sobre cuáles de tus características pueden atribuirse a tus raíces. ¿Algunos de tus rasgos o creencias están tan profundamente arraigados que nunca has explorado de dónde proceden? ¿Te nutren y te sirven? Puede que descubras que algunas raíces son poco profundas y se arrancan con facilidad con las inclemencias del tiempo. Éstas podrían necesitar atención, o podrías decidir abandonarlas. Durante esta Luna llena, medita sobre tus raíces. ¿Están todas sanas, o algunas simplemente te sujetan?

—Kate Freuler

8 Sábado

3.ª ♊
♅ entra en ♉ 03:22
☽ v/c 15:32
☽ entra en ♋ 16:06
Color: azul

Utiliza la piedra solar para obtener energía solar suave.

9 Domingo

3.ª ♋
☿ ℞ 20:02
Color: oro

Mercurio retrógrado hasta el día 29 de noviembre

Hora legal en España

Noviembre

10 Lunes
3.ª ♋
☽ v/c 18:23
☽ entra en ♌ 18:34
Color: gris

11 Martes
3.ª ♌
♃ ℞ 17:41
Color: negro

☾ Miércoles
3.ª ♌
Cuarto menguante 06:28
Color: amarillo

13 Jueves
4.ª ♍
☽ v/c 00:29
☽ entra en ♍ 00:52
Color: carmesí

Lleva una nuez moscada entera para potenciar el intelecto y la concentración mental.

14 Viernes
4.ª ♍
Color: púrpura

Horneado de cosecha silvestre

1 cucharada de mantequilla
1 cucharada de aceite de oliva
1 ½ tazas de champiñones laminados
1 taza de marsala o vino blanco
2 cucharadas de maicena
2 tazas de leche
½ taza de queso romano rallado
½ taza de nata agria
½ taza de queso crema
Una pizca de sal y pimienta
2 cucharadas de perejil fresco picado
900 g de muslos de pollo cocidos, troceados
2 tazas de judías verdes congeladas
2 tazas de arroz salvaje cocido

Calienta en una olla grande la mantequilla y el aceite a fuego medio. Añade los champiñones y saltéalos unos 3 minutos. Vierte el vino y cocina hasta que se evapore el líquido. Agrega la maicena y remueve para cubrir. Incorpora la leche y remueve hasta que hierva a fuego lento. Añade el queso, la nata agria, el queso crema, la sal, la pimienta y el perejil. Retira del fuego y agrega el pollo y las judías verdes. En una fuente de horno bien engrasada, extiende el arroz y pon encima la preparación de pollo. Espolvorea con más queso. Hornea sin tapar de 30 a 40 minutos a 175 °C hasta que burbujee. Deja enfriar 10 minutos antes de servir. Para 8 personas.

—Dawn Aurora Hunt

15 Sábado

4.ª ♍
☽ v/c 10:08
☽ entra en ♎ 10:44
Color: gris

16 Domingo

4.ª ♎
Color: naranja

El espíritu del ciervo representa la dulzura y la sutileza.

Hora legal en España

Noviembre

17 Lunes
4.ª ♎
☽ v/c 12:51
☽ entra en ♏ 22:44
Color: blanco

Para eliminar la ira y detener la guerra, utiliza ajenjo.

18 Martes
4.ª ♏
Color: rojo

19 Miércoles
4.ª ♏
☿ entra en ♏ 04:20
Color: marrón

● Jueves
4.ª ♏
Luna nueva 07:47
☽ v/c 10:24
☽ entra en ♐ 11:26
Color: verde

«El universo está lleno de cosas mágicas que esperan con paciencia a que agucemos nuestro ingenio». –Eden Phillpotts

21 Viernes
1.ª ♐
Color: rosado

22 Sábado

1.ª ♐
☉ entra en ♐ 02:36
☽ v/c 22:48
☽ entra en ♑ 23:53
Color: añil

El Sol entra en Sagitario.
El espíritu del loro es lingüista y diplomático.

23 Domingo

1.ª ♑
Color: oro

Hora legal en España

Noviembre

24 Lunes
1.ª ♑
Color: lavanda

25 Martes
1.ª ♑
☽ v/c 10:10
☽ entra en ♒ 11:16
Color: escarlata

Comienza el mes arbóreo celta del saúco.

26 Miércoles
1.ª ♒
Color: topacio

27 Jueves
1.ª ♒
☽ v/c 18:53
☽ entra en ♓ 20:24
Color: turquesa

☽ Viernes
1.ª ♓
♄ D 04:52
Cuarto creciente 07:59
Color: rosa

El rosa promueve la aceptación y la amistad.

Hora legal en España

Sigilo para fomentar la estabilidad

Si las cosas parecen demasiado caóticas en tu vida, éste es un buen sigilo al que recurrir. Dentro de la palabra *estabilidad*, encontramos *habilidad:* poder para dar el siguiente paso, para planificar el futuro o, como mínimo, para mantenerte firme en el presente. La estabilidad ayuda a proporcionarnos una base sobre la que construir, descubrir consuelo, poder sanar o encontrar un respiro.

En este sigilo se han incluido los siguientes elementos: provisión de prosperidad y recursos constantes y estables, paz (que se halla a través de la justicia y el crecimiento de las raíces), fomento de la buena salud, apoyo a las generaciones venideras y construcción de un legado digno, equilibrio, crecimiento próspero, facilidad de transición, adaptabilidad, resistencia y fortaleza.

Coloca este sigilo en tu altar como foco de meditación grabándolo en una vela (sugiero que sea verde, azul o blanca) o dibujándolo en un papel con tinta azul o verde si no puedes utilizar velas. Aporta estabilidad a tu lugar de residencia marcándolo con el sigilo de forma visible con tiza, o invisible con agua bendita, incienso y o algo similar.

—Laura Tempest Zakroff

29 Sábado

2.ª ♓
☿ D 18:38
Color: azul

Mercurio directo

30 Domingo

2.ª ♈
☽ v/c 01:05
☽ entra en ♈ 02:07
♀ entra en ♐ 21:14
Color: ámbar

Diciembre 2025

L	M	X	J
1	2	3	4
8	9	10	☾
15	16	17	18
22	23	24 Nochebuena	25 Día de Navidad
29	30	31 Nochevieja	1
5	6	7	8

V	S	D	
○	6	7	**Notas**
Luna de las Noches Largas			
12	13	14	
19	●	21 Yule/solsticio de invierno. El Sol entra en Capricornio.	
26	☽	28	
2	3	4	
9	10	11	

Diciembre

1 Lunes
2.ª ♈
☽ v/c 19:14
Color: gris

El estragón ayuda a curar el maltrato.

2 Martes
2.ª ♉
☽ entra en ♉ 04:13
Color: granate

3 Miércoles
2.ª ♉
Color: marrón

El cobre se relaciona con el amor y el romance.

4 Jueves
2.ª ♊
☽ v/c 02:50
☽ entra en ♊ 03:48
Color: púrpura

○ Viernes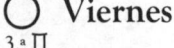
3.ª ♊
Luna llena 00:14
Color: blanco

Luna de las Noches Largas

Luna llena de diciembre

La Luna llena de diciembre cae sobre los imponentes árboles de hoja perenne, resaltando su capacidad para prosperar en un entorno que, de otro modo, sería inhabitable. Los árboles de hoja perenne conservan su vibrante color mientras que otras plantas sucumben al frío. Estos árboles crean una sustancia cerosa que cubre sus agujas, protegiéndolas del frío. Los árboles de hoja perenne simbolizan la supervivencia y la fuerza en circunstancias difíciles. En lugar de ser destruidos por los climas duros, se han adaptado y han evolucionado hasta convertirse en seres fuertes y resistentes que se protegen a sí mismos. El resultado es que son resplandecientes y bellos, pero asombrosamente resistentes.

Quizá tengas algo en común con el árbol perenne, por haberte enfrentado a la adversidad y haberte mantenido intacta. En esta Luna llena, reflexiona sobre las formas en que las dificultades te han moldeado para ser autosuficiente y firme. Felicítate por las cosas que has superado y a las que has sobrevivido. Toma nota de tu propia fuerza y de todas las veces que has recurrido a ella. Apodérate de ella y, cuando sea necesario, úsala.

—Kate Freuler

---

6 Sábado
3.ª ♋
☽ v/c 01:55
☽ entra en ♋ 02:54
Color: negro

El geranio aporta energía femenina y un hogar feliz.

7 Domingo
3.ª ♋
Color: oro

Diciembre

8 Lunes
3.ª ♌
☽ v/c 02:45
☽ entra en ♌ 03:48
Color: marfil

9 Martes
3.ª ♌
Color: rojo

Quema incienso de ámbar para el consuelo y la curación.

10 Miércoles
3.ª ♌
☽ v/c 05:56
☽ entra en ♍ 08:20
♆ D 13:21
Color: blanco

El sauce se asocia al nacimiento y la maternidad.

☾ Jueves
3.ª ♍
Cuarto menguante 21:52
☿ entra en ♐ 23:40
Color: verde

12 Viernes
4.ª ♍
☽ v/c 15:51
☽ entra en ♎ 17:04
Color: rosado

La vigilia de invierno

El tiempo entre el equinoccio de otoño y el solsticio de invierno se consideraba cada vez más peligroso en gran parte de Europa, incluso para los pueblos eslavos.

Al anochecer del 12 de diciembre, se creía que las fronteras entre los mundos se fusionaban. Durante este tiempo liminal, las «brujas» (probablemente fuerzas animistas causantes de las tormentas invernales) se reunían. La gente velaba a los niños toda la noche para evitar secuestros. Se consideraba que era demasiado peligroso estar al aire libre y que cualquiera podía ser raptado. Se creía que las reuniones de las brujas tenían lugar en los límites de puntos geográficos concretos: justo donde empezaba un bosque, al borde de un río, en la cima de una montaña o en un cruce de caminos. La gente sujetaba manojos de hierbas protectoras a sus puertas y graneros para protegerse de estas oscuras fuerzas invernales. Si el manojo tenía algo añadido al recogerlo el 13 de diciembre, una bruja les había dejado una maldición, por lo que había que quemarlo. Una vez pasado el peligro de la noche, el 13 de diciembre se convirtió en un día excelente para la adivinación.

—Diana Rajchel

13 Sábado
4.ª ♎
Color: azul

El citrino amarillo estimula la vitalidad y la fuerza de voluntad.

14 Domingo
4.ª ♎
Color: amarillo

Comienza Hanukkah (al anochecer del día 13 de diciembre).

Hora legal en España

Diciembre

15 Lunes
4.ª ♏
☽ v/c 04:36
☽ entra en ♏ 04:51
♂ entra en ♑ 08:34
Color: plata

16 Martes
4.ª ♏
Color: gris

Utiliza incienso de almizcle egipcio para crear una atmósfera sosegada.

17 Miércoles
4.ª ♏
☽ v/c 16:24
☽ entra en ♐ 17:38
Color: topacio

18 Jueves
4.ª ♐
Color: turquesa

*El verde azulado es pacífico y calmante,
bueno para la curación emocional.*

19 Viernes
4.ª ♐
Color: rosa

Festín de invierno de filete de falda relleno

Perfecto para las reuniones navideñas, este filete de falda se enrolla en forma de molinete para simbolizar el giro de la Rueda del Año.

Filete de falda de 1 kg en corte mariposa
Sal y pimienta
6-8 dientes de ajo picados
225 g de queso provolone en lonchas
2 tazas de espinacas tiernas frescas
1 taza de rodajas de pimiento rojo asado
1 cucharada de aceite de oliva
1 cucharada de ajo en polvo
1 cucharadita de: sal, pimienta, cebolla en polvo, perejil seco (para el aliño)

Coloca el filete mariposa sobre la superficie de trabajo. Espolvorea con sal, pimienta y ajo picado. Coloca en capas las lonchas de provolone, dejando al menos un borde de 2,5 cm alrededor del exterior. A continuación, pon las espinacas sobre el queso, y luego las rodajas de pimiento. Enrolla el filete por el lado largo, utiliza palillos o hilo de cocina para mantener el rollo apretado y coloca el filete en una bandeja de horno con el cierre hacia abajo. Mezcla en un cuenco pequeño los ingredientes restantes para preparar un aliño y extiéndelo por el exterior del filete enrollado. Hornea a 210 °C durante unos 20 minutos, o hasta que el filete alcance la temperatura interna deseada. Córtalo y sírvelo inmediatamente. Para 8 raciones.

—Dawn Aurora Hunt

 Sábado

1.ª ♑
Luna nueva 02:43
☽ v/c 04:41
☽ entra en ♑ 05:53
Color: añil

La raíz de Osha protege contra el mal.

21 Domingo

1.ª ♑
☉ entra en ♑ 16:03
Color: naranja

Yule/solsticio de invierno.
El Sol entra en Capricornio.

Diciembre

22 Lunes
1.ª ♑
☽ v/c 15:44
☽ entra en ♒ 16:52
Color: marfil

Finaliza Hanukkah.

23 Martes
1.ª ♒
Color: escarlata

Día intermedio (entre meses arbóreos celtas)

24 Miércoles
1.ª ♒
♀ entra en ♑ 17:26
☽ v/c 22:42
Color: marrón

Nochebuena.
Comienza el mes arbóreo celta del abedul.

25 Jueves
1.ª ♓
☽ entra en ♓ 02:09
Color: carmesí

Día de Navidad

26 Viernes
1.ª ♓
Color: coral

Comienza Kwanzaa.

Hora legal en España

☾ Sábado

1.ª ♓
☾ v/c 08:03
☾ entra en ♈ 09:02
Cuarto creciente 20:10
Color: gris

28 Domingo

2.ª ♈
Color: ámbar

Diciembre/enero

29 Lunes
2.ª ♈
☽ v/c 03:13
☽ entra en ♉ 12:57
Color: blanco

Las flores de milenrama curan el desamor y se secan bien.

30 Martes
2.ª ♉
Color: rojo

31 Miércoles
2.ª ♉
☽ v/c 13:25
☽ entra en ♊ 14:13
Color: amarillo

Nochevieja

1 Jueves
2.ª ♊
☿ entra en ♑ 22:11
Color: verde

Día de Año Nuevo.
Finaliza Kwanzaa.

2 Viernes
2.ª ♊
☽ v/c 13:24
☽ entra en ♋ 14:09
⚷ D 15:38
Color: rosado

Hora legal en España

Reunión con el sigilo de Gaia

Como brujas, nuestra práctica prospera cuando honramos y respetamos nuestra conexión con la Tierra, con nosotras mismas y con las demás. Este sigilo nos ayuda a proteger el medio ambiente, a apoyar el cambio productivo y a construir relaciones más fuertes y sanas.

En este sigilo se han incluido los siguientes elementos: compasión y amor, curación de traumas (de la Tierra y de nosotros mismos), fomento de la apertura en nuestras comunidades y en el mundo en general, apoyo a la unidad y a la conexión entre nosotros y con la Tierra, fuerza para romper con ciclos y actividades perjudiciales mientras desarrollamos mejores hábitos y comportamientos, y protección.

Se trata de un sigilo centrado en la Tierra, por lo que son especialmente potentes las aplicaciones que tienen que ver con el suelo, como dibujar en la tierra, incorporarlo a tus tareas de jardinería, pintarlo en las rocas o utilizarlo para proteger lugares naturales. Coloca este sigilo en tu altar durante los festivales y *sabbats* que llamen a la siembra y la cosecha, o cuando busques construir una comunidad. También es un sigilo excelente para bailar: dibújalo en el suelo o estudia cómo mover tu cuerpo para que coincida con el ritmo y la forma del sigilo.

—Laura Tempest Zakroff

○ Sábado

2.ª ♋
Luna llena 11:03
Color: azul

Luna Fría

---

4 Domingo

3.ª ♋
☽ v/c 13:59
☽ entra en ♌ 14:44
Color: amarillo

Hora legal en España

Acerca de los colaboradores

ELIZABETH BARRETTE lleva más de treinta y cuatro años vinculada a la comunidad pagana. Fue redactora jefe de *PanGaia* durante ocho años y decana de estudios de la Escuela Grey de Hechicería durante cuatro años. Su libro *Composing Magic* explica cómo combinar la escritura y la espiritualidad. Vive en el centro de Illinois. Visita www.penultimateproductions.weebly.com y www.ysabetwordsmith.dreamwidth.org

IVO DOMÍNGUEZ JR. (sur de Delaware) lleva activo en la Wicca y en la comunidad pagana desde 1978 e imparte sus enseñanzas desde 1982. Fue miembro fundador de los Guardianes del Cáliz Sagrado y actualmente es anciano de la Asamblea de la Rueda Sagrada. Ha enseñado en muchas reuniones y conferencias, y es autor de numerosos libros, entre ellos *Practical Astrology for Witches and Pagans*. Visítalo en www.IvoDominguezJr.com

KATE FREULER es la autora de *Magic at the Crossroads* y *Of Blood and Bones*. Ha escrito artículos para *Llewellyn's Magical Almanac*, *Llewellyn's Spell-A-Day Almanac* y *Llewellyn's Sabbats Almanac*. Vive en Ontario y se la puede encontrar haciendo arte, recorriendo bibliotecas y escribiendo. Visítala en www.katefreuler.com

VIA HEDERA reside en el noroeste del Pacífico, en territorio salish, donde es escritora, entusiasta del folclore, escultora y practicante de la brujería popular americana. Es la autora de *Folkloric American Witchcraft and the Multicultural Experience: A Crucible at the Crossroads*, y dedica su tiempo a coleccionar folclore estadounidense, esculpir estatuas de altar y bailar con los muertos.

JENNIFER HEWITSON es ilustradora independiente desde 1985. Sus ilustraciones han aparecido en publicaciones locales y nacionales, como el *Wall Street Journal*, el *Washington Post*, *Los Angeles Times*, *US News & World Report* y la revista *Ladybug*. Entre sus clientes de publicidad y envases se encuentran Disney y el zoo de San

Diego. Jennifer ha creado una línea de tarjetas de felicitación para Sun Rise Publications y ha ilustrado varios libros infantiles. Su trabajo ha sido reconocido por numerosas organizaciones, como la Sociedad de Ilustradores de Los Ángeles, y revistas como *Communication Arts, Print* y *How*.

DAWN AURORA HUNT es propietaria y directora ejecutiva de Cucina Aurora Kitchen Witchery y lleva enseñando y escribiendo sobre temas de brujería en la cocina y nutrición espiritual desde 2010. Autora de *Tastes from the Temple*, Hunt participa en actos por toda la Costa Este, aparece regularmente en la televisión local y enseña a la gente que la comida buena, sana e incluso sin gluten puede ser fácil de preparar, además de una delicia.

JASON MANKEY es sumo sacerdote gardneriano de tercer grado y ayuda a dirigir dos aquelarres de brujería en la zona de la bahía de San Francisco con su mujer Ari. Es un popular conferenciante en actos paganos y de brujería por toda Norteamérica y Gran Bretaña, y ha sido reconocido por sus colegas como una autoridad en el Dios Astado, la historia de la Wicca y las influencias ocultas en el rock and roll. Puedes seguirle en Instagram y Twitter en @panmankey. Jason es autor de varios libros, entre ellos *The Witch's Book of Spellcraft, The Horned God of the Witches* y *Transformative Witchcraft*.

DIANA RAJCHEL es una bruja animista que interactúa con espíritus cultivados y no cultivados. Como resultado, la gente le pide que realice trabajos con espíritus cuando descubren a compañeros que no sabían que habían aceptado. Es copropietaria de Golden Apple Metaphysical con Nikki Jobin y autora de *Urban Magick* y *Hex Twisting*. Reserva una consulta con ella o comprueba lo que se le ha ocurrido esta vez en www.dianarajchel.com

MHARA STARLING nació en el norte de Gales, se crio en la isla de Anglesey y su lengua materna es el galés. Es una *swynwraig*, o bruja popular galesa, y líder del aquelarre de Sarffes Goch, con sede en las llanuras del norte de Gales. Mhara interviene en diversas conferencias, imparte clases y acude a actos por todo Reino Unido, y ha aparecido en numerosos documentales galeses e ingleses.

CHARLIE RAINBOW WOLF es una antigua *hippie* que lleva más de cincuenta años estudiando los extraños caminos del mundo. La astrología, el tarot y las hierbas son sus mayores intereses, pero ha incursionado en la mayoría de los temas metafísicos en las últimas cuatro décadas, porque la vida siempre tiene algo nuevo que ofrecer. Vive en el centro de Illinois con su muy paciente marido y sus queridos gran daneses.

LAURA TEMPEST ZAKROFF (Ella/ellos) es una artista profesional, autora, intérprete y bruja tradicional moderna afincada en Nueva Inglaterra. Es licenciada en Bellas Artes por la Escuela de Diseño de Rhode Island, y sus obras de arte han recibido premios y honores en todo el mundo. Laura es la autora de *Weave the Liminal, Sigil Witchery, Visual Alchemy* y *Anatomy of a Witch*, así como la artista y autora de *Anatomy of a Witch Oracle* y *The liminal Spirits Oracle*. Consulta su página web en: www.lauratempestzakroff.com

Apéndice

Influencias mágicas diarias

Cada día está regido por un planeta y sus influencias mágicas específicas.

Lunes (Luna): paz, sanación, afecto, percepción psíquica
Martes (Marte): pasión, valor, agresión, protección
Miércoles (Mercurio): estudio, viaje, adivinación, sabiduría
Jueves (Júpiter): expansión, dinero, prosperidad, generosidad
Viernes (Venus): amor, amistad, reconciliación, belleza
Sábado (Saturno): longevidad, desenlaces, hogar
Domingo (Sol): sanación, espiritualidad, éxito, fuerza, protección

Correspondencias cromáticas

Rojo, escarlata, granate, carmesí: coraje, buena suerte, fuerza
Naranja, topacio: atracción, éxito, creatividad
Amarillo, oro, ámbar: intelecto, confianza, viajes
Verde: dinero, crecimiento, fertilidad, prosperidad, suerte
Azul, índigo, turquesa: conciencia psíquica, curación, sueño
Morado, lavanda: sueños proféticos, poder, proyección astral
Rosa, coral: amor, amistad, compasión
Marrón: salud, estabilidad, hogar, tierra
Blanco, marfil: purificación, paz, protección
Gris, plata: paz, neutralidad, equilibrio
Negro: destierro, vacío, ruptura de maleficios

Fases lunares

Creciente: desde la Luna nueva hasta la Luna llena, es el momento ideal para usar la magia con el fin de atraer cosas hacia ti.

Menguante: desde la Luna llena hasta la Luna nueva, es el momento del estudio, la meditación y el trabajo mágico para eliminar energías dañinas.

Signos lunares

La Luna se desplaza constantemente por los signos del zodíaco desde Aries hasta Piscis y permanece aproximadamente dos días y medio en cada uno de ellos. La Luna influye en el signo que ocupa y produce distintas energías que afectan a nuestra vida cotidiana.

Aries: buen momento para emprender nuevas metas. Las cosas ocurren y se desarrollan con rapidez. La gente tiende a la argumentación y a reafirmarse.

Tauro: las cosas empiezan a demorarse, tienden a aumentar de valor y comienzan a ser reacias al cambio. Aporta aprecio por la belleza, así como por las experiencias sensoriales.

Géminis: las cosas empiezan a cambiar fácilmente por influencias externas. Tiempo para tomar atajos, para la comunicación, los juegos y la diversión.

Cáncer: estimula las relaciones emocionales entre personas. Apoya el crecimiento y el desarrollo. Tendencia hacia los asuntos domésticos.

Leo: enfatiza el propio ser y las ideas e instituciones principales, ajeno a la conexión con los demás y sus necesidades emocionales.

Virgo: favorece el cumplimiento de los detalles y de las órdenes superiores. Enfatiza la salud, la higiene y la planificación de los días.

Libra: favorece la cooperación, los compromisos, las actividades sociales, el equilibrio, la amistad y las asociaciones.

Escorpio: aumenta la percepción del poder psíquico. Precipita las crisis psíquicas y pone fin a las relaciones de manera abrupta. La gente tiende a pensar y a ser reservada.

Sagitario: anima a las confidencias y hace volar la imaginación. Esta Luna es aventurera, filosófica y atlética. Favorece la expansión y el crecimiento.

Capricornio: desarrolla una estructura sólida. Da importancia a las tradiciones, la responsabilidad y las obligaciones. Buena época para establecer ciertos límites y reglas.

Acuario: energía rebelde. Es tiempo de cambiar costumbres y realizar cambios drásticos. Se da importancia a la libertad personal y a la individualidad.

Piscis: importancia de los sueños, la nostalgia, la intuición y las impresiones psíquicas. Buen momento para las actividades espirituales y filantrópicas.

Piedras preciosas

Las piedras preciosas se pueden utilizar para una variedad de propósitos e intenciones.

Amatista: conciencia, armonía, amor, espiritualidad, protección.
Ámbar: ambición, equilibrio, claridad, curación, protección, éxito.
Citrina: principios, cambio, claridad, metas, bondad, renacimiento, sueño.
Cuarzo: conciencia, claridad, comunicación, orientación, curación, renacimiento.
Esmeralda: clarividencia, encantamiento, celos, suerte, espíritus, deseos.
Hematita: equilibrio, arraigo, conocimiento, negatividad, poder, fuerza.
Jade: abundancia, trabajo de ensueño, dinero, cuidados, paz, bienestar, sabiduría.
Magnetita: atracción, fidelidad, arraigo, relaciones, fuerza de voluntad.
Obsidiana: el más allá, agresión, muerte, miedo, arraigo, crecimiento, obstáculos.
Ojo de tigre: batalla, claridad, deseo, energía, purificación, fuerza, juventud.
Piedra luna: destino, adivinación, intuición, conocimiento, luz, sueño.
Rubí: compasión, conexiones, felicidad, amor, lealtad, pasión, respeto.
Topacio: adaptabilidad, coraje, introspección, pérdida, prosperidad, sabiduría.
Turmalina: atracción, negocios, conciencia, orientación, capacidad psíquica.
Turquesa: calma, cambio, creatividad, trabajo de ensueño, empatía, energía, metas, curación, unidad.
Zafiro: reino astral, dedicación, emociones, fe, mejora, perspicacia.

Chakras

Los chakras son centros de energía espiritual ubicados a lo largo de la parte central del cuerpo.

Chakra raíz: se activa con el color rojo y se equilibra con el blanco. Está vinculado a la comodidad, el arraigo, la seguridad y el apoyo.
Chakra sacro: se activa con el color naranja y se equilibra con el marrón. Está relacionado con la creatividad, el deseo, la libertad y la pasión.
Chakra del plexo solar: se activa con el color amarillo y se equilibra con el marrón. Está vinculado a la confianza, el poder, la transformación y la fuerza de voluntad.
Chakra del corazón: se activa con el color verde y se equilibra con el rosa o los tonos rosados. Está relacionado con la belleza, la compasión, la curación, el amor y el *mindfulness*.
Chakra de la garganta: se activa con el color azul y se equilibra con el turquesa. Está vinculado a la comunicación, la inspiración, la liberación y la verdad.
Chakra de la frente: se activa con el color índigo y se equilibra con el blanco. Está relacionado con la claridad, la iluminación, la intuición, las visiones y la sabiduría.
Chakra corona: se activa con el color violeta y se equilibra con el dorado o el blanco. Está vinculado a la conciencia, la energía cósmica, el esclarecimiento, el conocimiento y la espiritualidad.

Hierbas y plantas

Las hierbas son útiles en hechizos, rituales, cocina de brujería, salud, belleza y artesanía, y tienen muchas correspondencias mágicas comunes.

Ajo: ansiedad, destierro, defensa, curación, mejora, clima.
Albahaca: defensa, hogar, amor, prosperidad, protección, purificación, éxito.
Amapola: reino astral, trabajo de ensueño, fertilidad, suerte, prosperidad, sueño, visiones.
Aquilea: conciencia, destierro, calma, desafíos, poder, protección, éxito.
Borraja: autoridad, negocios, felicidad, dinero, poder, purificación.
Caléndula: autoridad, conciencia, resistencia, curación, longevidad, visiones.
Clavel: confianza, creatividad, curación, protección, fuerza, verdad.
Diente de león: conciencia, claridad, emociones, libertad, la mente, deseos.
Gardenia: comodidad, compasión, el hogar, matrimonio, paz, amor verdadero.
Geranio: equilibrio, concentración, fertilidad, perdón, curación.
Helecho: destierro, concentración, dinero, poder, protección, liberación, espíritus.
Hiedra: animales, apegos, fertilidad, fidelidad, crecimiento, honor, secretos, seguridad.
Hinojo: agresión, valentía, energía, estimulación, protección, fuerza.
Jazmín: vinculación, deseo, trabajo de ensueño, gracia, prosperidad, relaciones.
Lavanda: calma, creatividad, amistad, paz, purificación, sensibilidad, sueño.
Lila: adaptabilidad, belleza, clarividencia, adivinación, emociones, espíritus.
Madreselva: afecto, gentileza, felicidad, optimismo, capacidades psíquicas.
Manzanilla: equilibrio, belleza, calma, trabajo de ensueño, gentileza, paz, sueño.
Margarita: belleza, alegría, adivinación, inocencia, amor, placer.
Mejorana: comodidad, familia, inocencia, soledad, amor, purificación.
Menta: acción, despertar, claridad, inteligencia, la mente, estimulación.
Narciso: el más allá, belleza, hadas, fertilidad, suerte, espíritus.
Romero: destierro, vinculación, defensa, determinación, curación, memoria, protección.
Rosa: afecto, atracción, bendiciones, fidelidad, amor, paciencia, sexualidad.
Salvia: consagración, arraigo, orientación, memoria, obstáculos, inversión.
Tomillo: confianza, crecimiento, felicidad, honestidad, purificación, dolor.
Trébol: comunidad, amistad, bondad, suerte, riqueza, juventud.
Violeta: belleza, cambios, finales, desengaño, esperanza, lujuria, pasión, timidez.

Puedes encontrar el catálogo completo de correspondencias en *Llewellyn's Complete Book of Correspondences*, de Sandra Kynes.

Eclipses para el año 2025

14 de marzo; eclipse lunar a 23° ♍ 57'
29 de marzo; eclipse solar a 9° ♈ 00'
7 de septiembre, eclipse lunar a 15° ♓ 23'
21 de septiembre; eclipse solar a 29° ♍ 05'

Lunas llenas para el año 2025

Luna Fría: 13 de enero a las 23:27
Luna Avivadora: 12 de febrero a las 14:53
Luna de Tormenta: 14 de marzo a las 08:55
Luna de Viento: 13 de abril a las 01:22
Luna de las Flores: 12 de mayo a las 17:56
Luna de Sol Fuerte: 11 de junio a las 08:44
Luna de Bendiciones: 10 de julio a las 21:37
Luna de Maíz: 9 de agosto a las 08:55
Luna de Cosecha: 7 de septiembre a las 19:09
Luna de Sangre: 7 de octubre a las 04:48
Luna de Duelo: 5 de noviembre a las 14:19
Luna de las Noches Largas: 5 de diciembre a las 00:14

Retrogradaciones planetarias para el año 2025

Planeta		Inicio	Hora		Directo	Fin	Hora
Urano	℞	01/09/24	16:18	—	Directo	30/01/25	17:22
Júpiter	℞	09/10/24	08:05	—	Directo	04/02/25	10:40
Mercurio	℞	26/11/24	03:42	—	Directo	15/12/24	21:56
Marte	℞	07/12/24	00:33	—	Directo	24/02/25	03:00
Venus	℞	02/03/25	01:36	—	Directo	13/04/25	02:02
Mercurio	℞	15/03/25	08:46	—	Directo	07/04/25	12:08
Plutón	℞	04/05/25	16:27	—	Directo	14/10/25	03:54
Neptuno	℞	04/07/25	22:34	—	Directo	10/12/25	13:21
Saturno	℞	13/07/25	05:07	—	Directo	28/11/25	04:52
Mercurio	℞	18/07/25	05:45	—	Directo	11/08/25	08:30
Urano	℞	06/09/25	05:51	—	Directo	04/02/26	03:33
Mercurio	℞	09/11/25	20:02	—	Directo	29/11/25	18:38
Júpiter	℞	11/11/25	17:41	—	Directo	11/03/26	05:30

Tabla de lunas vacías de curso para el año 2025

Último aspecto		Entrada signo			Último aspecto		Entrada signo			Último aspecto		Entrada signo		
Fecha	Hora	Fecha	Signo	Hora	Fecha	Hora	Fecha	Signo	Hora	Fecha	Hora	Fecha	Signo	Hora
ENERO					**MAYO**					**SEPTIEMBRE**				
1	07:02	1	≈	11:50	1	04:49	1	⊗	08:23	2	02:39	2	♑	02:45
3	05:13	3	♓	16:21	3	09:02	3	♌	12:29	4	11:08	4	≈	11:32
5	15:30	5	♈	20:01	5	14:03	5	♍	20:40	5	21:51	6	♓	16:54
7	22:16	7	♉	23:11	8	05:11	8	♎	08:06	8	18:44	8	♈	19:37
9	23:50	10	♊	02:07	10	07:17	10	♏	20:58	10	07:54	10	♉	21:03
12	01:03	12	⊗	06:02	13	07:37	13	♐	09:35	12	21:14	12	♊	22:38
14	05:46	14	♌	10:12	15	19:29	15	♑	20:58	14	23:46	15	⊗	01:30
16	05:10	16	♍	17:46	18	05:27	18	≈	06:29	17	04:14	17	♌	06:20
19	03:01	19	♎	04:33	20	12:59	20	♓	13:28	19	13:21	19	♍	13:23
21	05:34	21	♏	17:20	22	17:06	22	♈	17:26	21	20:54	21	♎	22:41
24	01:03	24	♐	05:29	24	12:44	24	♉	18:38	23	17:02	24	♏	10:00
26	10:40	26	♑	14:43	26	14:52	26	♊	18:21	26	18:44	26	♐	22:37
28	16:48	28	≈	20:31	28	14:01	28	⊗	18:33	29	06:44	29	♑	10:55
30	12:29	30	♓	23:52	30	17:50	30	♌	21:17	**OCTUBRE**				
FEBRERO					**JUNIO**					1	16:33	1	≈	20:52
1	23:06	2	♈	02:10	2	00:38	2	♍	04:00	3	19:15	4	♓	03:07
3	11:19	4	♉	04:33	4	12:11	4	♎	14:38	6	01:30	6	♈	05:48
6	04:29	6	♊	07:44	7	02:04	7	♏	03:23	7	19:24	8	♉	06:12
8	08:52	8	⊗	12:04	9	13:06	9	♐	15:56	10	10:31	10	♊	06:12
10	14:49	10	♌	18:01	11	20:58	12	♑	02:55	12	03:56	12	⊗	07:37
12	20:12	13	♍	02:07	14	09:52	14	≈	12:00	14	06:05	14	♌	11:47
15	09:36	15	♎	12:45	16	18:31	16	♓	19:09	16	06:06	16	♍	19:06
18	00:24	18	♏	01:19	18	22:34	19	♈	00:08	18	22:10	19	♎	05:01
20	11:06	20	♐	13:55	21	02:49	21	♉	02:53	21	13:25	21	♏	16:42
22	21:38	23	♑	00:09	23	02:50	23	♊	03:57	24	05:14	24	♐	05:19
25	04:28	25	≈	06:40	25	09:26	25	⊗	06:44	26	18:42	26	♑	18:53
26	23:04	27	♓	09:46	27	06:16	27	♌	07:05	29	05:38	29	≈	05:55
MARZO					29	12:03	29	♍	12:44	31	08:15	31	♓	13:46
1	09:05	1	♈	10:52	**JULIO**					**NOVIEMBRE**				
2	14:52	3	♉	11:37	1	21:47	1	♎	22:16	2	16:15	2	♈	16:39
5	11:53	5	♊	13:29	2	20:30	4	♏	10:33	4	12:21	4	♉	17:16
7	15:57	7	⊗	17:29	6	23:04	6	♐	23:06	6	15:51	6	♊	16:20
9	23:32	10	♌	00:59	7	22:29	9	♑	09:55	8	15:32	8	⊗	16:06
11	22:16	12	♍	09:56	10	21:37	11	≈	18:21	10	18:23	10	♌	18:34
14	19:47	14	♎	20:59	12	20:45	14	♓	00:45	13	00:29	13	♍	00:52
16	11:53	17	♏	09:30	15	18:10	16	♈	05:32	15	10:08	15	♎	10:44
19	21:28	19	♐	22:17	18	01:38	18	♉	08:59	17	12:51	17	♏	22:44
22	08:53	22	♑	09:29	20	07:43	20	♊	11:22	20	10:24	20	♐	11:26
24	17:01	24	≈	17:25	21	20:52	22	⊗	13:26	22	22:48	22	♑	23:53
26	12:15	26	♓	21:31	24	01:42	24	♌	16:28	25	10:10	25	≈	11:16
28	22:30	28	♈	22:36	26	12:02	26	♍	21:55	27	18:53	27	♓	20:24
30	10:18	30	♉	21:16	29	01:57	29	♎	06:43	30	01:05	30	♈	02:07
ABRIL					30	04:59	31	♏	18:25	**DICIEMBRE**				
1	18:43	1	♊	21:26	**AGOSTO**					1	19:14	2	♉	04:13
3	19:26	3	⊗	23:50	3	02:07	3	♐	07:00	4	02:50	4	♊	03:48
5	23:54	6	♌	05:34	5	16:29	5	♑	18:04	6	01:55	6	⊗	02:54
8	05:08	8	♍	14:40	6	18:40	08	≈	02:18	8	02:45	8	♌	03:48
10	20:49	11	♎	02:12	9	08:55	10	♓	07:50	10	05:56	10	♍	08:20
13	11:01	13	♏	14:54	11	07:55	12	♈	11:33	12	15:51	12	♎	17:04
16	03:24	16	♐	03:37	13	23:54	14	♉	14:22	15	04:36	15	♏	04:51
18	12:38	18	♑	15:12	16	06:12	16	♊	17:01	17	16:24	17	♐	17:38
20	18:21	20	≈	00:22	18	12:53	18	⊗	20:05	20	04:41	20	♑	05:53
22	22:55	23	♓	06:07	20	13:27	21	♌	00:17	22	15:44	22	≈	16:52
25	03:57	25	♈	08:24	21	19:13	23	♍	06:24	24	22:42	25	♓	02:09
26	17:18	27	♉	08:17	25	14:53	25	♎	15:08	27	08:03	27	♈	09:02
29	06:18	29	♊	07:34	27	03:06	28	♏	02:27	29	03:13	29	♉	12:57
					30	01:47	30	♐	15:04	31	13:25	31	♊	14:13

Diferencias horarias

Las fechas y horas de los acontecimientos astrológicos citados en esta agenda están calculadas para la hora legal en España. Si vives en Canarias, deberás restar una hora.

Se ha tenido en cuenta el horario de verano, que empieza el último domingo de marzo a las 02:00 y finaliza el último domingo de octubre a las 03:00. Para América del Sur, deberás efectuar la resta siguiente mientras en España está vigente el horario de invierno.

Ciudad de México	– 7 h	Caracas	–5 h
Tegucigalpa	– 7 h	La Paz	–5 h
Bogotá	– 6 h	Asunción	–5 h
Lima	– 6 h	Brasilia	–4 h
Managua	– 6 h	Montevideo	–4 h
Panamá	– 6 h	Buenos Aires	–4 h

Mientras dure el horario de verano en España, deberás restar una hora más. Cuando en tu país esté vigente el horario de verano, suma una hora más. Por ejemplo, el día 30 de julio encontrarás en la agenda que la Luna entra en Tauro a las 21:08. Ésta es la hora en España. Si vives en Ciudad de México, deberás restar siete horas (–7) a lo que indica la agenda. Pero también deberás sumar una hora (+1) porque España se encuentra en horario de verano. El resultado es restar 6 horas a las 21:08. O sea, en Ciudad de México, la Luna entra en Tauro a las 15:08 del día 30 de julio.

Las festividades estacionales

Festividades	Hemisferio norte	Hemisferio sur
Samhain	31 de octubre	30 de abril
Yule	21 de diciembre	21 de junio
Imbolc	2 de febrero	2 de agosto
Ostara	20 de marzo	20 de septiembre
Beltane	1 de mayo	1 de noviembre
Litha	20 de junio	20 de diciembre
Lammas/Lughnasadh	1 de agosto	1 de febrero
Mabon	22 de septiembre	22 de marzo

Notas

Notas